こがね味噌会社専務一家刺殺放火事件と

袴田裁判の真実

ならびに「刑事訴訟法」「公文書関連法」「再審」「国家賠償法」に関する提案

JN081158

白砂巖 著

社会評論社

目次

1章　冤罪を訴える人の支援に出会う

　私（白砂巖）と遠藤滋は、団塊世代の一隅に生まれ、29歳の時（1976年）に出会ったが、二人は、生まれる時のトラブルや病気で、いのちが傷ついて、その後遺症を生きてきた。その頃の日本は、いわゆる「「健常者」と「後遺症者（障害者）」は、住む世界が違う」とされていた。このことに対して、当時「健常者は敵」とする考えがあったが、二人は違和感を持ち、その認識をくつがえす、異なる共通の土俵に立つ考え方はないのかという思いを持っていたから、その後の行き来の中で、「健常者」と「後遺症者（障害者）」の共通の土俵を見出すべく生きてきた。

　遠藤滋は出会った当初、母校の養護学校教師として採用されていたが、その後、脳性マヒの後遺症の悪化で二次後遺症にみまわれ、自力では歩くことができなくなり、介助なしでは生活が成り立たなくなった。だが、1976年当時は、教師として毎日時間を取られていた遠藤滋をしり目に、当時、写真植字業を自営していた私は、遠藤滋との出会いのきっかけになった、「全国（障害者）解放運動連絡会議」の結成大会で、「精神障害（当時の言葉）」を口実に死刑判決を受け、無実を訴えていた赤堀政夫の支援を課題の一つにあげたことで、私はその後、赤堀政夫の支援にのめり込んでいった。

　私の参加は、再審請求の後半に支援に加わりましたが、高校生の時、広津和郎の文学の弟子だった担任の教師坂本育雄から松川裁判の話を聞いていて、「松川裁判」を読んだことから、入り組んだ裁判記録の中から隠された事実を見つけだし、無実の人を救う手助けに感銘を受けたこともあって、私は、「島田事件対策協議会」が中心になって行っていた裁判記録の検証に加わるようになりました。

　そして、再審かどうかの裁判所の判断が待たれる最後になって、それまで誰も手をつけていなかった、真犯人と被害者の佐野久子（私たちと同年代の団塊の世代）を目撃した人の証言と、赤堀政夫が供述したとされる犯行内容を照らし合わせて、調べることにした。当時、支援の仲間のほとんどが、そんなことをしても何も出てこないよ、という意見だった。

　それでも私はやることにして、ほぼ1年かけて、最後に見出した事実は、次の通り。

　事件が起きたのは1954年（昭和29年）3月10日。犯人が、幼稚園から久子ちゃんを連れて行った牧之原台地に向かう島田市の大井川には橋銭を徴収する橋・蓬莱橋があり、橋番が常駐していた。それに対して、3月3日から仕事探しを目的

に島田市の家を出た赤堀政夫さんは、放浪の旅に出て、犯人として逮捕されたのがその年の5月25日のこと。蓬莱橋の橋銭は、3月いっぱいまでは往復5円・片道3円で、実は、4月から往復10円・片道5円に値上げされていた。

　ところが、彼の供述調書には蓬莱橋の橋銭は4月に値上げされた往復10円・片道5円だったと言わされているではないか。日頃から、蓬莱橋の通行に縁のない生活をしていたはずの彼は、当然、4月から値上げされた蓬莱橋の橋銭がいくらかを知る由もない。だが、彼は事件当日とは異なる事柄を言ったと供述調書にはある。3月までの橋銭なら誘導尋問でうまく言わされたと言えなくもない。しかし、間違った事実を認めさせられている。これは、彼が訴えていたように、無理やり、強制的に認めさせられた「強制自白」の証拠ではないか（『雪冤 島田事件』を参照）、という事実が明るみになった。

　また、この島田事件の支援に関わっているさなかの1980年、私はルポライターの高杉普吾に誘われて、9月の袴田巖の最高裁の口頭弁論と11月19日の判決言い渡しの日に、傍聴に行きました。そこには、今は亡き郡司信夫・金平正紀・松永㐂久をはじめボクシング関係者も駆けつけていました。この後、私が袴田巖に出した手紙の返事に、袴田巖から1980年12月5日付け葉書で、「おたより拝見・・支援を・・宜しく・・氏のお名前が巖で、他人と思えません」と返事を受け取ったこともあって、袴田の支援に私もかかわるようになりました。

　しかし、当初は、事件の裁判記録を見ることができませんでした。

　その後、私が参加している支援の会に、いまは亡き安倍治夫が、ボクシングの金平正紀の弁護人をしていた関係で、弁護士として関わってくれることになり、それでようやく裁判記録を見られるようになったのが、1991年12月12日のこと。この時から安倍弁護士の補助者として、私たち「袴田巖さんを救う会」の会員が、手分けして新証拠さがしをすることになり、日弁連の袴田弁護団とは別に新証拠として新事実と併せて再審請求理由補充書を、第一次再審請求中に静岡地裁に提出したのが1992年のこと。この時、私は、被害者4人の傷の数値を基に、4つの刃物が使われた痕跡を図表にして新証拠として提出したが、これに対して裁判所は、素人の判断として、検討もせず無視して闇に葬りさった。

　1992年の時の再審請求は、袴田弁護団とともに棄却された。

　私は、1992年の段階で、袴田裁判では、実際の犯行がどのように実行されていたのか解明されていないことに気付いたけれど、その時点では、裁判の最優先事項として何を解明することが肝心なのか、自覚していなかったことと、1992年以降、私はほかにやりたいこともあって、時間もとれなかったので、そのうち、誰かがやってくれるだろう、と安易に先延ばしにしていました。

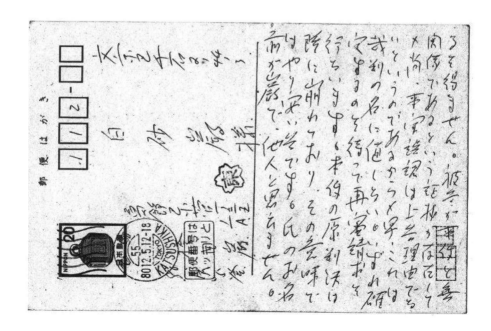

ところが、2008年になっても誰もやる気配はないし、自分でやるしかないかと思い始めたけれど、事件の検証調書に目を通しても、何を糸口（キッカケ）にして「事件現場の検証記録」を読み込めばよいか見当もつかなかったので、実際に手をつけるまで時間が必要でした。2008年の終わりころに、「警察官によって領置された13か所の血痕などが存在する」ことに気づいた私は、これを手がかりにやっと重い腰をあげ、2009年1月から、会の有志とともに、春田龍夫の実況見分調書や検証調書をもとに関連する鑑定書にあたって、分析を始めました。2010年1月にかけての最後の段階で一人になった私は、橋本家で起った事実を抜き出し、2010年1月まで13ヵ月かけて、まとめた内容は、そもそも袴田の犯行だとして検察官がまとめた供述調書どおりに、橋本一家4人はそれぞれ遺体発見場所で刺され、放火されたのではなく、原判決で認定した『罪となるべき事実』どおりに実際の犯行が実行されずに、被害者が最初に刺された場所や放火された場所も違っていた、というものでした。

　そこで私は、袴田巖に手紙（2010.04.10発送）で「このように、事件の真相がわかってくれば、なんでこんなことをいままで解明できずにいたのかと思う反面、その原因と責任の一端が、一審の裁判以降、事件の証拠を歴代の検察官たちが隠してきたことにあるのは明白ですが、事件の真実を解明できずに袴田さんを43年以上にわたって無実の罪におとしいれ、死刑囚にしてきたことを考えると恐ろしくも悲しくもなります。このような結果を招いた原因に、検察官の不公正な証拠の取扱いを許している、いまの刑事訴訟法という法律にあることは明らかで、これには、不公正な検察官の姿勢を許さない法律に変えることを怠ってきた、日本人全員に責任があると私は思っています。その一人として、袴田さんには謝らなければならないし、また、安倍弁護士が支援に参加してくれた時に、裁判記録に触れられるようになってから、私の能力不足でなかなか事件の真相を解明できず、こんにちまで18年も費やしてしまったことも、袴田さんにわびるしかありません。」と書いて、「一日も早く、袴田さんが出てこられるよう、法務大臣に手紙を出したりして、私も手を尽くします。袴田さんの自由を今度こそ取り戻すまで、気を引き締めて最後の頑張りをしましょう。」と約束をした。

　こののち、「橋本家で領置された13点の血痕などの血液型鑑定」の証拠の開示請求をする段になり、安部弁護士（逝去）の後任として顧問に就任してくれた菊田幸一弁護士の補助者として、2010年以降、二人三脚で検証作業をし、弁護士会を通して「照会申出書」（証拠開示請求）を静岡地検検事正あてに出したのが、2012年1月のこと。これを地検の担当検事は、「袴田巖からの依頼名が明記されていないこと」を理由に拒否してきた。

　しかし、検察官には、警察が捜査し起訴した案件でも、証拠や捜査に不備があ

れば起訴しないことが職務権限として認められている。それは再審においても同様であり、当該裁判の支援という第三者の立場からの指摘であっても、きちんとした袴田の無実の事実と論拠を突き付けられているのであれば、再審を認める判断をする権限と責任が検察官にある。ところが、地検の検察官ならびに検事正は、その責任を放棄した。

そこで静岡地検に対して行った証拠開示請求の書類と、私がまとめた冊子をつけて、静岡地裁の裁判官にぜひ目を通してもらいたい、というわずかな可能性にかけて意見書（手紙）を菊田弁護士と私の連名で送付したのが、2012年5月26日のこと。

その後、2014年3月27日に静岡地裁から「再審開始決定」が出た後、静岡地裁での三者協議の間に裁判官が袴田弁護団から「清水署の捜査記録」を取り寄せていたことがわかった。実は、私白砂の冊子のなかで「藤雄の血痕」について捜査記録に記載の事実を引用している。

つまり、地裁の裁判官が、私たちが提出した意見書などに眼を通したので、袴田の身柄が拘置所から出された要因の大きな一石になったと考えている。

ところが、静岡地検の検事はその後、無実の証拠の存在を指摘された事実をひた隠しにし、東京高裁に抗告し、恥じ知らずにも東京高検で地検の担当検事が抗告審を担当していた。

一方、菊田弁護士は、日弁連の袴田弁護団員ではないが、東京の「袴田さんを救う会」の顧問弁護士として、袴田を救うためこれまでに「救う会」の仲間が集めた、内外からの累計13万6701筆の署名のうち、静岡地裁へは10万4083筆を9度にわたり、東京高裁へは1万1619筆を5度にわたり「救う会」のメンバーと提出するかたわら、私（白砂）と二人で、本論の論文を準備してきた。（署名提出は、「救う会」の呼びかけに答えてくれた支援者の協力もあって、その後も追加して提出している。）

以下の論文は、日弁連の袴田弁護団も見逃した証拠を新たに発掘・追加するものであるとともに、検察官が無視した無実を裏付ける事実を検証して、同時にこのたび再審請求の棄却決定を書いた東京高裁の裁判官が袴田裁判で見落とした事実を明らかにするものである。

2章　袴田裁判の真実　事件の概要

　事件が起きたのは静岡県清水市（当時）で、1966 年（昭和 41 年）6 月 29 日の深夜から 6 月 30 日の未明にかけて。火事の発生によって、人々は知ることになった。その火災現場から味噌会社（こがね味噌金山寺製造元合資会社**橋本藤作商店**）の専務一家 4 人の遺体が発見され、4 人の遺体から刃物による刺し傷が 44 カ所ほど見つかり、殺人事件であることが発覚した。事件の捜査に当たったのが静岡県清水署。事件後に逃げた犯人を見つけられなかった警察の事件の捜査を好意的に解釈すれば、捜査段階で事件の真相を見誤り、犯人が単独犯であると結論づけたことになる。

　けれど、ここから警察や検察の恣意的な意図（橋本家の台所から消えていた複数の包丁の存在など、現場検証で見つかっていた証拠から浮かび上がった複数の人間による犯行の事実）を隠して、単独犯に見合う、事件当時、味噌工場の従業員寮に一人でいて確かなアリバイを証明できない袴田巖（以下敬称略）を犯人に仕立てるために、無実に直結する証拠（火災の後、橋本家の屋内から見つかり採取された 13 箇所の血痕の血液型鑑定）を隠したまま、逮捕し、長時間の取り調べで警察・検察が描いた犯行のストーリー「遺体発見場所でそれぞれの家族を刺し、油をまいて火をつけて裏木戸をこじ開けて逃げた」と自白させ起訴していた。

　袴田の犯行とされた物証「① 45 通の袴田巖の供述調書で犯行を認めたこと。②凶器は仏壇の間から見つかったくり小刀。③当初の犯行着衣は、消火作業に加わった時に袴田が身につけていたパジャマ（血痕がついていた）。④事件後に見つかったというお金も袴田が盗んだものとされたこと。⑤袴田の逮捕から 1 年後の 8 月、こがね味噌工場の仕込みタンクから麻袋が見つかり、その中にあった 5 点の衣類（ズボン・ステテコ・ブリーフ・スポーツシャツ・V 襟シャツ）とズボンの共布（ともぎれ）が、袴田の実家の箪笥から見つかったとして、これが犯行着衣で袴田有罪の証拠だと、検察官は訴因を変更して争ったこと。⑥逃走経路として裏木戸が通れたという再現実験の北条節次の捜査報告書」。再審段階で裏木戸の再現実験を行い、裏木戸は通れなかったという鑑定を提出して弁護側が争点にしたので、検事は反論として改めて北条節次の捜査報告書を、1984（昭和 59）年 3 月 24 日に裁判所に提出。

　これらの証拠のうち、警察が捏造した「⑤の犯行着衣とされた 5 点の衣類を味噌タンクに隠して見つけさせたこと」と「⑥の逃走経路の裏木戸が通れたという再現実験の北条節次の捜査報告書」を根拠に検察は有罪を主張した。二審の高裁

で被告は、犯行着衣とされた味噌漬けの衣類（ズボン）が自分と結びにつくものではないことを、ズボンをはいて証明しようとしたが、裁判官は、ズボンは味噌漬けにされて縮んだと判断して、袴田の有罪の判断を維持した。

　また、二審で、検事は、黒柳三郎の『検証調書』にある静岡地裁の捜索差押許可状により押収した『藤雄の遺体の下からは厚さ3㎜で12cm×23cmの範囲（82.8cc）の土砂にしみ込んだ血痕』しか見つかっていないことを伏せたまま、東京大学の医師上野正吉に鑑定依頼して、「専務の藤雄の肝臓・脾臓などが高度の貧血状態で藤雄の体内には内出血の滞留血液がなく失血状態になったのは、受傷後20分以上かかった」、また、「遺体発見場所が犯行場所で、おおむね袴田の供述通りに犯行は可能」という証言（高裁第18回公判）を引き出して公判を維持し、死刑判決を出させるように袴田を追い込んだ。

　そもそも妻のちゑ子には600cc、次女の扶示子には1150cc、長男の雅一朗には1ℓもの内出血の血液が体内に残っていた。このことからすれば、二人の女性よりも体格の良い藤雄は、1ℓ以上の血液を出血していたことになる。にもかかわらず、東京高裁も、藤雄が遺体発見場所で多量に出血したかどうか確認しないまま、上野鑑定で「袴田が一家4人を遺体発見場所で殺害に及び、刺傷後にそれぞれに混合油をかけて放火したことに矛盾はない」という判断を得たことを根拠に、「原判決が自白調書以外の証拠によって認め得るとした諸事実のうち、次にかかげる事実については争いがなく、証拠上も疑いないと認められる」と結論した。

　2022年5月現在、袴田の裁判は、犯行衣類とされた5点の衣類に付着した血痕（血液）が、みそ漬けによって変色するのかしないのかの科学的な議論がつくされていないことを理由に、今般、最高裁から高裁に差し戻されているが、そもそも、事件当時のこがね味噌の味噌の仕込みは、大豆をつぶさないで麹菌や塩をまぶして発酵させていたのだから、検察が、血液を付着させた試料に、市販の味噌を買ってきて付着させて実験を行ったと言っているのであれば、はじめから条件が違うと言わざるを得ない。

　それだけでなく、この5点の衣類が、犯行着衣で、しかも、袴田が使用したというのであれば、当然、原審では、袴田の血液型と袴田の血液型とは異なる被害者の血液型が出てこなければ犯行に使用された証拠物とは認定できないはずの物が物証とされた。さらに、事件から年数を経た現代にいたっては、5点の衣類からでる血痕のDNA鑑定が、被害者と一致したうえで、袴田のDNAも検出されたというのでなければ、実際にこの衣類が、袴田が使用して、犯行を行った衣類だという証明にはならない。

　例えば、実際に、犯罪に使われた刃物が凶器だったとしても、そこから犯人の

指紋や被害者のDNAが検出されなければ、凶器からの犯人の特定はできないし、被害者を刺したり傷つけたりした凶器だとも断定できない。事実確認は、本来そこまで厳密にやるのが普通だ。

　しかし、本件では、この衣類が、放火の熱を受けたから、被害者のDNAも、袴田のDNAも検出されなかったといい、この衣類が犯行着衣だと、検察は主張しているのではないのか。また、みそ漬けにされた期間に、DNAが壊されて検出されなかったのだと、検察は主張してこなかったのか。そうであれば、これらの衣類は、犯人の特定も、犯行に使用された衣類であるとも、証明ができないと、検察が自ら主張してきたことになる。つまり、犯行時の着衣かどうか証明できないと。にもかかわらず、犯行に使用された衣類だと、検察が主張してきたことはおかしくないのか。

　しかも、こうした議論の過程で、本件では、事件の現場検証が示す、犯行がどのように実際に行われたのか分析して、袴田が供述させられた犯行が、実際に行われていたのかいないのかさえ検討されずに裁判が行われてきた。

　確かに、1992年の安倍弁護士の再審請求では、血液が味噌の塩分などに化学変化を起こし、変色することを気づけず、このことに気づけた支援者と弁護団には、賛辞を贈りたい。しかし、それだけでは、ほんとうに、事件の殺害放火現場が示す犯行との関係で、袴田の無罪が証明されたわけではない。

　袴田裁判では事件発覚後、警察は橋本家の焼け跡から13か所で見つかった血痕や血痕が付着した布団などを領置していた。にもかかわらず、血痕の血液型鑑定は、一審以来、検察官から法廷に出されることはなかった。しかも不幸なことに、橋本家で見つかり、領置された13か所の血痕などの付着物は、一審以来、裁判で一度も問題にされず、選任された弁護士はこれに気付けなかったばかりか、歴代の裁判官も気づくことはなく、原判決以降の裁判官の判断にまったく影響を与えなかった。

　だが、これらの血痕などに基づいて分析する事件の真相が、検事が主張した犯罪事実や裁判官が認定した『罪となるべき事実』と異なっていれば、これらの事実は、無実を訴えてきた袴田巖の無罪を示す明らかな証拠となる。

　そこで、我々弁護側は、何年も前から、橋本家の消火後に清水署が行った現場検証に基づいて、犯行事実の分析を試みてきた。その結果得られた犯行の姿からみると、この事件が、そもそも袴田巖がやったとされる犯行手順とは異なり、家族4人への刺殺状況が違っていることになる。

　そのうえ、ほとんど同じ時間帯に、油をまいて火をつけたというのに、専務の腕の時計は針まですべてなくなっていたのに、妻の腕の時計は、ガラスが無くなっていたが2時12分に止まり、次女の遺体から離れていた時計は、長針まで飛んで、

短針が 2 を指して止まっていた。しかも、次女の遺体の下の額の下の畳は燃えていなかった。

　さらには、専務の遺体の下の 3 mm の土砂は、専務の遺体が横たわる前に、土蔵の脇が火に包まれ、土蔵の土壁がコンクリートの土間の上に落下していて、土蔵脇の火が燃え盛る中に、専務が土蔵脇に横たわったことを示しており、そもそも裏木戸は逃走経路に使えなかった。

　ピアノの部屋の鴨居の炭化深度 4.5 mm に対して、ピアノの部屋の勉強部屋側の鴨居の炭化深度が 7 mm だったことは、ピアノの部屋よりも前に、勉強部屋側が激しく燃えていたことを示していた。

　したがって、放火場所も、勉強部屋と裏木戸の手前の土蔵脇に、おそらく灯油をまいて放火していたことからも、放火場所が、検察が主張する袴田が自供したとする放火場所と全く異なっていた。

　そこで、改めて、**袴田の犯行に関する静岡地裁の事実認定**や、**検事への袴田の供述内容**が、警察官の現場検証調書が示す実際の犯行とどう違うのか、違わないのか、確認することにする。

　原審の静岡地裁判決は、《罪となる事実》で、「6 月 30 日午前 1 時すぎ頃、同店の売上金を奪おうと考えて、クリ小刀を携え、専務橋本藤雄方住居に侵入し……藤雄に発見されるや、藤雄方の裏口付近の土間において、クリ小刀で、殺意をもって同人の胸部等を数回刺し」と認定し、「さらに、物音に気付いて起きてきた家人に対しても殺意をもって、同家奥八畳間で、妻ちゑ子の肩、頸部などを数回、長男雅一郎の胸部、顎部等を数回、同家ピアノの間で、次女扶示子の胸部、顎部等を数回それぞれ前記クリ小刀で突刺し……さらに藤雄ら 4 名を、住居もろとも焼毀してしまおうと考え……混合油を持ち出して、これを前記藤雄、ちゑ子、雅一郎、扶示子の各被傷体にふりかけ、マッチでこれに点火して放火し、よって……死亡せしめて殺害したものである」と認定し、袴田が犯行するために橋本家に侵入した時間を 1 時すぎとした。

　なお、唯一証拠採用された吉村英三検事への供述調書では、「1 時 20 分すぎに床の中で目を覚ました」と、袴田は 1 時 20 分まではまだ寝ていたことになっていた。

1.　橋本家から使用中の包丁が消えていた

　静岡地裁の「再審開始決定」以降の東京高裁への検察からの抗告審などが行われている間に、菊田弁護士の補助者の私は、おぼろげに記憶していた、春田龍夫

の「検証調書」には、橋本家の台所には、使用可能の、使用中の包丁があったという記載がない事実を、警察の「検証記録」をすべてチェックしたわけではなかったので、これまでの分析で書かずに、このことは記憶の片隅に置いてきた。この度、春田龍夫以外の警察官の検証記録を、一通り読み込んでチェックしたところ、他の警察官の検証記録にも、使用中の包丁が見つかったという記載は、一切なかったことを確認できた。

春田龍夫の「検証調書」では、橋本家の台所には、「冷蔵庫の奥となり（裏木戸側）に、調理台として使用されていたと思われる上部がステンレス製の高さ86㎝巾91㎝奥行き63㎝の戸棚」が置かれていた。この戸棚を開くと、「上段はほこりっぽく、使用していたものと認められない、中の包丁差しに鯵切包丁と、柄のない包丁、および鋸があり、いずれも古く錆だて最近使われたとは認められない」、また、奥に木箱があり、この箱の奥に「細身のひどく錆びた刺身包丁がある。柄にはほこりがたまり最近使用されたあとは認められない」とあり、どれも錆びついていて、使用されていない3点の包丁が見つかっているだけで、結局、犯行現場の橋本家からは、使用可能の包丁は一本も出てきていない。

これは何を意味するのか。使用中の包丁がないということは、橋本家では家族や従業員が食事をしても、包丁を使った調理をすることなく食事を賄っていたのか。そんなことはあり得ないではないか。一体どんな包丁類があったのかさえ、検証記録に一切記載がない。

柄のない包丁すら記載しているのに、単に記載漏れをしたとは考えられない。本来なら、橋本家の台所に使用可能な包丁が一本もなかったのであれば、まずは、橋本家にどんな包丁が何本あって、それらが犯人に持ち出されたことを疑うべきではなかったのか。真相は、袴田巖の身辺捜索で持ち去られた包丁が見つからなかったので、火事にあった家の中から見つかったクリ小刀を凶器にして、無理やり袴田を犯人にして起訴したのかもしれない。

もっとも、一審以来、本件は、現場検証に記載の事実に即した事実審理で、実際の犯行がどのように行われたのか検討しないで、袴田の犯行が可能かどうかを裁判所が判断をしてきたのだから、使用可能な包丁がなかったことなど、お構いなしだ。

改めて、見てみると、原審の証拠認定には、重大な欠陥がある。確かに、クリ小刀は、橋本家の仏壇の間から見つかっている。しかも、仏壇の間は、屋根が焼け落ちるまで火災の影響を受けた。だから、血痕なども検出されず、犯行に使われたかどうか立証ができない。

こういうものが、警察や検察が取り調べで、袴田に凶器だといわせたからと言って、はたして凶器だと認定できるものだろうか。被害者の刺し傷の中には、クリ

小型の幅では到底できない刺し傷が狭く、奥行きのある雅一郎の肋骨を貫通した傷があったし、刺しただけではできない刺し口の幅が広い傷がいくつも存在していたにも関わらず、東京高裁の上野鑑定を鵜呑みにして、すべての傷がクリ小刀でできると認定した。しかし、被害者の血痕も検出されていないのだから、原審判決以来、クリ小刀を凶器と断定するには無理があったと言わなければならない。

弁護側にしても、検察が用意した証拠物だとされるものに関心を奪われ、現場検証の記録に注目できなかった。こんなことで、有罪無罪が決まったのでは、たまったものじゃない。

そこで、袴田は、被害者が見つかった場所でそれぞれ4人を刺し、混合油をかけて放火して逃げたことになっていたが、これが本当に、現場検証の事実に照らして、検証事実に反しているのか反していないのかを検討することにする。

２．藤雄の遺体の状況

鈴木俊次の『鑑定書』（昭和41年9月6日作成）によれば、

橋本藤雄は身長1m70cmの肥満体、血液型A型で、内部所見の③④⑤にあるように、

「左肺上葉、下葉の形、大きさは正常、色はやや暗紫赤色、硬度、柔らかで、辺縁溢血なし、含気量、血液量共に少ない」「気管を摘出し切開するに、粘膜は貧血状で、気管内に煤煙等の異物はまったく認められない」「胃を切開するに胃粘膜は貧血状で、わずかに乳白色の粘液状残渣、および果物のかけらがあった。肝臓、脾臓等は高度の貧血所見を呈する」

というように、藤雄には、出血による滞留血液が体内に認められないうえ、肝臓、脾臓等の臓器が貧血症状だったことから、心臓から送り出された血液だけでなく、肝臓、脾臓等の臓器からも血液が流れ出るほどの出血をしていたのに、体内に滞留した血液は皆無に近く、体外に流れ出たはずの血液の行方は、『検証調書』（昭和41年8月8日作成）では不明で、しかも、鈴木俊次の『鑑定書』で明らかになった「気管内に煤煙などの遺物が認められない」ことから、藤雄は火に包まれた時に、呼吸もできない瀕死の状態だったことが認められる。

藤雄の遺体をめぐる東京高裁の判断

それに対して、東京高裁裁判官・目黒太郎により、昭和46年10月28日に、被害者4名に傷害をせしめた凶器はどのようなものと考えられるか。押収されている「クリ小刀」で被害者らの傷は生成可能か。などを問う鑑定依頼を、医師の上野正吉に行った。

上野正吉は『鑑定書』で、「クリ小刀」で被害者4人の傷ができるとしたが、注目すべきは、

「本屍胸腔内損傷部からの出血で失血状態に至るまでには相当時間例えば20分以上を要するであろうことを考えるならば、しかも本屍での火炎による生活反応の発現（紅斑水疱の形成）が既に困難になったときの火炎発生であるとするならばそれはおよそ受傷後20分前後を経過した時点に於（い）てであろうと推測される」と、藤雄の肝臓、脾臓等が貧血状態になるまで、20分前後、出血した後で、藤雄は放火の火に包まれて焼かれたと判断している点にある。

しかし、上野正吉は、『検証調書』を手にしながら、藤雄が多量に出血した場所を確認しないまま、「おおむね、袴田の供述通りに犯行は可能だ」と、藤雄が土間で殺害されたことに矛盾はないとした。

したがって、検察や上野正吉が認め、静岡地裁判決を東京高裁が追認した、袴田巖が供述通りの犯行を実行したというのなら、藤雄は土間を一歩も移動することなく亡くなったことになり、当然、遺体が発見された土間には、藤雄の体から出血した多量の血痕が存在することになる。だが、春田龍夫は、『実況見分調書』で、藤雄の焼け残った衣類に血液ようの付着物を認めたというだけで、遺体の下の土砂や、その下のコンクリートの上に、血痕があったかどうかについてはふれていない。

また、寺田勇太郎の『実況見分調書』（昭和41年7月10日作成）で領置した藤雄着用の焼け残った「1. 白ズボン下の一部、2. パンツの一部、3. 金バンド付腕時計」に、血痕の付着について記載がなかった。

藤雄の遺体が見つかった土間の様子

橋本家で昭和41年6月30日〜昭和41年7月2日までの3日間に行われた検証による『**検証調書**』（昭和41年8月8日春田龍夫作成）によれば、

この検証で土間に関連する記録は、以下の通りとなっている。

（一）家屋北、表側およびその付近の模様
　4　家屋の焼毀状況　　（1）出入口付近の状態

「土間などは泥水がたまっている状況である」と全般的な土間の状態が書かれている。また、ここには、「塩販売用のタイル製容器の上に商品の食塩入の袋、木の棚の上に秤、ざらめの砂糖、しょうゆ16本などがならべてあった。棚の南の部分に白のポリ容器3個がならび、中には10センチくらいづつ（正しくは、ずつ）味噌が入っており、木のしゃもじが刺してあった」という。これらは、販売用と推測される。

（二）家屋北面の模様　　2　東側シャッターの状態

　「北表側の東寄りは、5.23 メートルの出入口があり、鉄製のシャッター扉が 4 枚。その内側は、5 枚のガラス戸が設けられている。シャッターは東端の 1 枚のみ下へいっぱいに下げられていて、他の 3 枚は火災の後の検証時は、上にあげられていた（207p）」というのだから、消火作業時は、3 枚ともか、3 枚の内の 2 ないし 1 枚がもちあげられる状態で、消火作業の時に、最終的に 3 枚のシャッターが上にもちあげられたことを示している。

3　シャッターの内部ガラス戸の状態

　表の出入り口部（東から 2 枚目）にあたるところが、「東のガラス戸がはずれから西へ 90 センチにわたって鴨居の 3 本の溝部が黒く焼毀して、この部分にはシャッターの内側にガラス戸が存在していなかった状態（214p）」を示していたという。

　春田自身も「このシャッターの内部のガラス戸は、鴨居の溝のすすの付着状態から見て、ガラス戸は東から 1.26 メートルの部から西へ 90 センチにわたり開放されていたことがわかる（214 〜 215p）」と書いている通り、犯人が、ここからシャッター扉を持ち上げて外へ出ていった後、火災の炎で鴨居の 3 本の溝が焼毀した可能性を示していて、犯人の逃走経路となりえたことを窺わせる。

（三）屋内の模様　　1 表土間の状態　　（1）出入口付近の状態

　「シャッターとガラス戸の内部はコンクリートの土間になっており、西側は 90 センチへだてて（入り口を入って 90 ㎝先）表応接間になり、東側は、奥の勝手場に通じており、さらに進むと裏出入口に至る（215p）」

　「入口から少し中に入ると土間の天井は設けられず、(ママ)ぢかに屋敷裏や梁が見えるが全般的に黒く焼毀し、・・・広範囲に屋根が焼け落ちたところが見られ、屋内は西側が強く、東側（土間側）が焼毀度が弱く見受けられる（216p）」

　「土間には泥水が一面にたまっている。土間の東側は下が 2 メートルの部分まで板張り、その上が壁で、板張りの上部と壁が黒く焦げている（261p）」

　2　勝手場の状態（奥側）(1)土間の状況とかまどなど　　には、

　「勝手場土間の奥は風呂場となっており、通路は勝手場中央かまど付近から西へふくらんで裏へ通じている（236p）」とあるだけで、以下は風呂場やかまどの状態・機器の配置などを検証していて、ここでの土間の状況についてはふれていない。

3．橋本藤雄の体から流れ出た血液の行方

　一方、裁判記録の中の**春田龍夫**の『**実況見分調書**』（昭和 41 年 7 月 6 日作成）

によれば、

735 p「家屋は全般的に焼毀し、消火作業による水が一面におよんですべてしめっている」状態で、736 p「**1. 土蔵東側通路の死体の状況**」によると、「この通路は裏出入口に通ずるもので、屋根は全く焼失し、**西側は土蔵の石が露出し、東側は板張りの部分が黒く焼け大部分消失している**」、「通路東側に便所があり」「この辺は屋根から落ちた瓦、粘土、ようのもの、および炭化物がうづ高く積もっている」と記録している。

737 p「この付近のトタン板、瓦、泥、粘土、杉皮の小片などを上から取り除くと、下に男性の死体があった」と、土間から藤雄の遺体が見つかり、738 p「全身、埋もれていたので泥などで汚れているが、特に腹部には、ブリキ缶の蓋がかぶっていたので泥などの付着はない」。

土間の藤雄の遺体の下については、「死体の外側を掘ると、下はコンクリートの土間で、右手の埋もれていた部分は下から 26 センチの深さであった」と記し、「死体の下側には焼け残った衣類の一部と認められるものがあるが、これには汚れた血液ようの付着物が認められる」とあるだけで、遺体の下や周囲に血痕があったかどうかついては触れていない。

それに対して、**黒柳三郎**の『**検証調書**』（昭和 41 年 7 月 20 日作成）では、土間の藤雄の遺体の下の血痕について「本職が検証時には、死体が掘り出されたあとで、その部分の土砂が凹状に下がり、大の字形になっていた。血液のまざっている土砂は 12 cm×23 cm幅で厚さ 3 mm位であった。この付近の土砂がねば土状となっている」（11 分冊 540 頁）状態だった。この血液が混ざっている 82.8 ccの量の土砂は、**捜索差押許可状により押収した**、とある。

重要なのは、清水署の『捜査記録』の「多量の血液が流出していた」という表現が、正しい事実を伝えているかどうかは別にして、当時の検証による警察官の認識は、藤雄の血痕は、コンクリートの土間の表面から直接発見されたのではなく、遺体の下のコンクリートを覆っていた土砂から血痕が見つかったという事実を裏付けたことにある。

ところが、安倍治夫弁護士が担当していた時期に、**検察から開示された静岡県清水署の『清水市横砂会社専務宅一家 4 人殺害の強盗殺人、放火事件捜査記録』**を注意深く読んでいくと「死体を取り除いたところ、死体の頭付近に下からダンボール箱のこわれたものおよび男物パンツ 1 枚が発見されたが、いずれも強いガソリン臭が感じられた。さらに死体の上半身のあった位置の下側の泥土には多量の血液が流出していた」と、土間の藤雄の遺体の下に血痕が多量にあったと書かれていた。

したがって、検察は、清水署の『捜査記録 30 頁』を引用して、土間には藤雄

の多量の血液が見つかっている。だから「袴田が犯人だ」と主張するかもしれない。

　この記述が事実なら、当然、警察の現場検証でも、土蔵脇の土間から多量の血痕が見つかっているはずで、改めて裁判記録から、現場検証の記録を読み返してみた。

　そうすると、唯一**藤雄の遺体の下の血痕**について記載があったのは、**黒柳三郎**の『**検証調書**』（昭和41年7月20日作成）で、土間の藤雄の遺体の下には、腰の下あたりから「血液のまざっている土砂は12cm×23cm幅で厚さ3mm位」（11分冊540頁）が見つかり、**捜索差押許可状により押収**されていた。これでは、土間から見つかった多量の血痕とは言えない。

　つまり、藤雄の遺体の下から血液は発見されたけれど、それは、コンクリートの土間の上ではなく、実際は、コンクリートの上を覆っていた土砂「12cm×23cmの幅で厚さ3mm位」に、血液がまざっていて、その量は82.8ccの土砂に付着していた血液にとどまっていたということ。

　そもそも土間は、コンクリートに覆われていて、犯行前には、コンクリートの上には3mmの土砂はなかった。では、この土砂はどこからやって来たのか。調べてみると、それについて、**春田龍夫**の『**実況見分調書**』は、736p「1. 土蔵東側通路の死体の状況」によれば、「この通路は裏出入口に通ずるもので、屋根は全く焼失し、西側は**土蔵の石が露出**し、東側は板張りの部分が黒く焼け大部分消失している」と、「**土蔵の石が露出**」していたと認めている。

　つまり、土間の土砂は、土蔵の石の表面を覆っていた土砂が落下して、土蔵の石が露出して、コンクリートで打ち固められた土間の上を覆っていたものと判る。しかも、その土砂が、遺体の下にあったということは、藤雄が土間で倒れる前に、この土蔵を覆っていた土砂は、裏木戸へ向かう通路のコンクリートの土間を覆っていたことになる。

　ではなぜ、土蔵を覆っていた土砂が剥げ落ちて、コンクリートの土間を覆ったのかといえば、藤雄がここに放置される前に、土蔵脇に火が放たれたことを示している。土蔵脇に燃焼材がまかれ、これに火がつけられ、燃え上がったことで炎と熱風の影響を受け、土蔵の表面を覆っていた土砂が剥がれ落ちたからに他ならない。

　橋本家の土間は、全体がコンクリートで覆われていた。土間をコンクリートで覆っていたのは、味噌や塩、砂糖、醤油などの食品を小売りしていた関係で、生活で出る埃や土埃を抑えるように維持管理していたからだ。

　だから、袴田巖が、検事調書のように「裏口の戸の所で追い詰められた専務から蹴られた後、専務の胸の辺りを何回もめちゃくちゃに突き刺しました」といい、一審判決でも「裏口付近の土間で、くり小刀で専務の胸部を数回刺した」という

犯行をしたのなら、袴田は、土蔵横の土間に、藤雄を刺す前に火を放っていなかったのだから、当然、袴田が犯人なら、藤雄の内臓が貧血状態になるまで出血して流した血液は、直接、コンクリートの上に流れ出ることになる。

しかも、『「CD-ROM 臨床検査基準値」編者：大阪市立大学名誉教授　巽典之』によると、人の血液は、37 度くらいに保たれた状態で通常 8 〜 12 分で固まり、さらに、高温にさらされた場合は 5 分以内で固まるというのだから、20 分前後の時間に出血していた藤雄の相当量の血液は、放火前には半分近くがコンクリートの上で固まり、さらに、放火の熱の影響を受けたので、放火の 5 分後には、ほとんどの血液が、コンクリートの表面に密着して固まることになる。

さらに、藤雄には、出血による滞留血液が体内に認められないうえ、肝臓、脾臓等の臓器が貧血症状だったことから、心臓から送り出された血液だけでなく、肝臓、脾臓等の臓器からも血液が流れ出るほど出血していたから、出血後は瀕死の状態だったことが認められる。

だから、袴田が犯行を行ったのであれば、コンクリートの土間に放火前に藤雄を刺したのだから、藤雄から出血した血液のすべては、遺体の下のコンクリートの表面から見つかることになる。しかし、最高裁にいたるまで、本件裁判に於いて、土間で藤雄の出血が認められたかどうかさえ確認しなかった。同様に、担当弁護士も確認する必要に気付くことはなかった。

藤雄から流れ出た血液はどこにいったのか

そこで、春田龍夫が現場検証していく中で、家の各部屋から血液の付着物が見つかり、領置されていた春田龍夫の『検証調書』に記載の 12 ヶ所の血痕と、本来領置して鑑定すべき扶示子の遺体の下の額の下の畳に染み込んだ血痕が見つかっている。それは以下の通りで、

『検証調書』に記載の春田龍夫が領置した 12 個所の血痕と領置しなかった 1 個所の血痕
★春田龍夫が領置したピアノの部屋の血痕
1．ピアノの部屋の扶示子の夏掛布団の白木綿カバーに付着していた「24 センチ×27 センチと長さ 20 センチの棒状」の二つの血痕。
2．ピアノの部屋の同じ布団の底部の部位の白木綿カバーに付着していた血痕。
3．ピアノの部屋のさらに同じ掛布団のふちの部分の断片の桃色地の内側の部位と認められるところに直径 7 センチぐらいの大きさの血痕。（血痕付着の布団の断片〔カバー付〕3 点を差し押さえた）
4．ピアノの部屋の額の板の南西端上面に汚れた血痕ようのものの付着が認めら

れた。（額は差し押さえた）

★春田龍夫が領置した表八畳間の血痕

5．表八畳間の雅一朗が使っていた南側寝具の敷布団とマットレスの二枚の白木
　綿カバーのほぼ中央あたりに付着していた薄黒いしみ。（二枚のカバーを鑑定
　すべく領置した）

6．表八畳間のちゑ子が使っていた中央寝具のちゑ子の遺体の下にあった燃え残
　りの蚊帳は、白と水色の蚊帳の焼け残りで、蚊帳は焼け方が強く、ところど
　ころぼろぼろになっていて、広げて見ると全体の四分の一くらいのものと認
　められ、焼死体の臭いが強くしみこんでおり、端の白いところに 30 セン
　ちぐらいづつ不整形に二か所ついていた長い形の血痕。

7．表八畳間のちゑ子が使っていた中央寝具の毛布の下の、白木綿カバー付の格
　子柄（橙と鼠色）模様の敷布団と下のマットレスの東南角にしみ込んでいる
　東西 35 センチ・南北 25 センチの範囲にわたる血痕。この血液は、敷布団の
　カバーの下の綿までしみ渡っており、さらに下のマットレスも同様である。
　そして上の敷布団の部位と同じ部分に中のスポンジの部位までしみ込んでい
　る。スポンジは 3 枚合わせで、上から 3 枚目の上面までしみ込んでいる。（敷
　布団・マットレスをともに差押えた）

8．表八畳間の藤雄が使っていた北側寝具のカバーの上からしみ込んでいる北西
　角から南へ 20cm のところにあった径約 9 cm の布団の端にみられた（A）
　の血痕。

9．表八畳間の藤雄が使っていた北側寝具のカバーの上からしみ込んでいる北西
　角から東へ 30cm のところにあった 20cm × 10cm の範囲の（B）の血痕。

10．表八畳間の藤雄が使っていた北側寝具のカバーの上からしみ込んでいる（B）
　の血痕と北西角の間の長さ 10cm 巾 2 cm の横に長い（C）の血痕。

11．表八畳間の藤雄が使っていた北側寝具のカバーの上からしみ込んでいる北西
　端より東 68cm の部位を中心に横（布団の長い向き）に長く、40cm にわたって、
　卵大 1 、拇指大 1 、大豆大 5 の点々とついていた血痕。（布団とカバーを差し
　押さえた）

12．表八畳間の床の間前の枕の北（藤雄の寝具の枕元にあたる位置）にあった蚊帳
　に付着した血痕とこの蚊帳の網目を通して畳に付着した 22cm × 14cm の範
　囲の血痕。（血痕付着の蚊帳を差し押さえた）

★ピアノの部屋の領置されていない血痕

13．ピアノの部屋の額の下にあった 9 cm × 9 cm の範囲で畳にしみ込んでいた
　血液ようのもの。

これらの 13 ヶ所の血痕のうち、少なくとも春田龍夫が領置した 12 ヶ所の血痕と黒柳三郎が捜索差押許可状により押収した血痕については、血液型鑑定をしたはずなのに、一審以来、警察は、領置した血痕の血液型鑑定について、一言も外部に漏らすことはなかったし、担当検事は公判で開示することもしなかった。そのうえ、一審以来、担当弁護士も、担当裁判官も、これらの血痕の存在に気付くことはなかった。だから、公判で論議されることはなかった。

　しかし、藤雄が出血した多量の血液が、土間から見つかっていない以上、橋本家の部屋から見つかった血痕の中に藤雄が流した血痕があるはずで、それを明らかにするために、弁護士菊田は、2012 年 5 月 26 日静岡地検検事正あてに証拠開示請求を行った。だが、静岡地検は、書類に袴田巖の名前が記されていないことを理由に開示を拒否してきた。

　いずれにしても、12 ヶ所の血痕の中に藤雄の血痕があるはずで、検察がこれらの血痕の血液型鑑定を開示しない以上、どうすれば他の家族の血痕ではなく、藤雄の血痕だと証明できる血痕があるのかないのか、『検証調書』や春田龍夫の『実況見分調書』(昭和 41 年 7 月 5 日作成)と(昭和 41 年 7 月 6 日作成)や寺田勇太郎の『実況見分調書』(昭和 41 年 7 月 10 日作成)などや鈴木俊次の『鑑定書』、山下英秋の『鑑定書』を改めて読み込んで、分析を試みた。

　そうして、注目すべき事実として、明らかになったのは以下の通り。

　藤雄以外 3 人の被害者の体内で出血して滞留した血液を見ると、
　身長 1 m 60 cm のちゑ子には、約 600cc の血液。
　身長 1 m 58 cm の扶示子には、合計 1150cc の血液。
　身長 1 m 70 cm の雅一郎には、合計 1000cc の滞留血液が見つかっていた。
　以上の 3 人と比べ肥満体で、身長 1 m 70 cm の体で、**肝臓、脾臓等が高度の貧血状態**になるまで、内臓からの出血が認められた藤雄は、当然、ほかの 3 人より多い量の血液が、体の外に流れ出ていたことは明らかだ。

　そこで、注目したのが、一審以来、裁判で問題にされなかった、火災の後に屋内で領置された「血痕」のうち、多量の出血が認められる、表八畳間の「8 の中央寝具の毛布と敷布団と下のマットレスの東南角にしみ込んでいる東西 35cm・南北 25cm の範囲にわたる血痕」だった。

　この血液は、敷布団のカバーの下の綿までしみ渡っており、さらに下のマットレスも上の敷布団の部位と同じ部分の中のスポンジの部位まで血痕がしみ込んでいた。スポンジは 3 枚合わせで、上から 3 枚目の上面までしみ込んでいた」という。

　この血痕は、ちゑ子の背中と頭の後ろ側にあり、ちゑ子の頭は直接、血痕の上にはなかった。もし、この血痕が、ちゑ子や雅一郎の体から流れ出た血液でない

ことが明かになれば、当然、藤雄が表八畳間の中央の布団の上で出血して、布団に染み込んだ藤雄の血痕だということが証明されるからだ。

4．ちゑ子と雅一郎の遺体の状態

　ちゑ子と雅一郎は、春田龍夫の『実況見分調書』「1. 表八畳間の死体の状況」によれば、「部屋の中央に頭部を東南に向け、二体が抱き合っている」「両体は腹を合わせるように両手を互いに相手の身体に巻き、足をからませており表面は黒く炭化し体の下側四分の一くらいは炭化物などでうまっており、見えない」「死体の下には表面炭化した布団などが敷かれており、さらにその北側にも一組の布団が敷いてあると認められた」「死体を取り除いた下に、白い蚊帳が焼け残っている」状態だった。

　そして、ちゑ子は、春田龍夫の『実況見分調書』によれば、「右を下にして左腕を北側の死体の首へ巻き、右腕は、その死体の腹部の下側へ廻している」「胸部には乳房をおおうように白メリヤスの下着が焼け残っており、これには暗赤色の血液ようのものがしみ込んでいる。腹部および腰部には衣類が焼け残っており、表皮が炭化していない」「左手には焼けた金色バンド付の腕時計をはめており、焼け残った針を見ると 2 時 12 分ごろを指していた」

　さらに、寺田勇太郎の『実況見分調書』によれば、ちゑ子は「腹部あたりに白メリヤスシャツと白地に薄い桃色の菱形模様入り寝巻」が焼け残っていたという。

　また、山下英秋の『鑑定書』（昭和 41 年 7 月 25 日作成）によれば、ちゑ子は身長 1 m 60 cm、血液型 B 型で、「胸腹部に損傷なし」「胸腔を開いてみるに左胸腔内に鮮紅色の血液約 600cc が潴溜し、ほとんど血塊をみとめず」「血液内 CO_2 量を調べるに 20 〜 25％である」火傷は「頭顔面部や背面一帯から左外側にかけて火傷 3 〜 4 度」「右胸腹部の火傷は 1 〜 2 度で紅斑を呈している個所がある」という状態だった。しかし、気管支への煤煙の侵入については検査していなかったが、「皮膚火傷による紅斑から火傷前にはなお生きていたと思われる」と述べている。

　一方、雅一郎は、春田龍夫の『実況見分調書』によれば、「左側を下にして」「表面はことごとく炭化し、わずかに燃え残った衣類の一部が腰のあたりに付着しており、白と空色の縦縞のパンツ、白メリヤスシャツ、白ワイシャツとわかる。白ワイシャツには左胸のポケットにシャープペンシル 1 本が入れられている」「両肘をまげ、指を握りしめ両足を少し開いて膝を前に出して曲げており、抱き付いているがボクサー型をしている」「両死体とも体の下側部分は、炭化物などに埋まっているので明らかにできない」

また、**寺田勇太郎**の『実況見分調書』によれば、雅一郎は、「右半身の右腰・右わき腹に僅かに残っているだけ。白と水色の縦縞パンツをはき、白メリヤスシャツ・腹まき・白Ｙシャツ（左胸ポケットにシャープペンシルがはさんであった）を着ていた」

　さらに、**山下英秋**の『鑑定書』（昭和41年7月25日作成）によれば、雅一郎は、身長1ｍ70㎝、血液型ＡＢ型で、「右胸腔内に鮮紅色の血液約350ccが潴溜」「左胸腔内に鮮紅色の血液約650ccが潴溜」、合計1000cc。「両肺の気管支腔内に灰褐色を呈した粘液多量あり、肉眼的にかなり煤をみとめる」「血液内 CO_2 量は35〜40％」「胸腹部の火傷は右半分は1度から2度」「左半分は2度から3度」「背部の火傷は3度から4度」だったという。

　つまり、春田龍夫が昭和41年6月30日に実施した『実況見分調書』によれば、ちゑ子と雅一郎の二人は、背中側に3度から4度の火傷を負い、お腹側は1度から2度の火傷を負っていて、二人は、抱き合うようにお腹を接触させて火に包まれていた。

　したがって、表八畳間の中央の布団の血痕が、背中を中心に刺されたちゑ子の背中から流れ出た血液だったのなら、背中を刺されたちゑ子は、仰向けになって布団の上に倒れて出血をしていて、放火の火に包まれた時には、ちゑ子の上で雅一郎が覆いかぶさるようにうつ伏せになっていて、二人は抱き合うような姿で、炎に包まれていたことになる。そうでなければ、ちゑ子と雅一郎のお腹側の火傷が1度から2度で収まらないからだ。

　ところが、雅一郎の背中が3度から4度の火傷を負った火に包まれる時、ちゑ子の背中は、布団に密着させていたことになるので、そこは、まったく火に焼かれることなく、火傷を負わなかった部分が残ることになる。ところが、ちゑ子の背中は、3度から4度の火傷を負っていたので、ちゑ子と雅一郎の二人が炎にまかれた時、ちゑ子の背中は布団に接していなかったので、この布団に染み込んだ多量の血痕は、ちゑ子が流した血液ではないことになる。

　つまり、表八畳間の中央の布団の応接間側の角にあった多量の血痕は、藤雄の体から流れ出た血液で、お腹に大きな傷を負った藤雄は、裏木戸の手前の土蔵脇で刺されたのではなく、表八畳間か仏壇の間など別の場所で刺された後、この布団の上で、肺や肝臓、脾臓等の臓器が貧血症状になるまで20分前後（上野正吉の鑑定）うつ伏せになって、出血していた。そして、瀕死の状態になったので、当然、自力では移動できなくなったので、犯人の手によって運ばれて、土蔵脇の土間に放置されることになる。このことから、検察官が主張し、歴代の裁判官が認定した、袴田の供述通りの犯行は、橋本家では行われていなかったことが明らかになる。

５．　扶示子の遺体の状態

　　また、**扶示子は、鈴木俊次**の『鑑定書』（昭和 41 年 9 月 6 日作成）によれば、身長 1 m 58 cm、血液型 O 型で、「左胸腔内は凝血をまじえた暗赤色流動血液約 1000cc 貯溜す。心○（1 字不明。心臓か）は凝血を含む暗赤色の流動血液 150cc を溜する」。扶示子には合計 1150cc の滞留血液があり、「左肺内気管分岐部にはススのまじった小泡末が認められる」「右肺の気管および肺門部気管分岐部に血液を帯びた小泡末ならびに黒かっ色の煤煙が認められる」「血液中の一酸化炭素含有量は 20 〜 25% を示した」という。

　　つまり、扶示子は、火に包まれるまで、まだ生きていたと認められる。

　　しかも、**春田龍夫**の『実況見分調書』（昭和 41 年 7 月 6 日作成）によれば、扶示子の焼け残った衣類は、「首の上部には女学生の制服の袖カバーとみとめられる白い木綿の布片がかかり、これは焼けていない」「肩、首の付近には衣類のブラジャー、シミーズの一部と思われるものが黒くこげている」死体の下には「焼け残った衣類のシミーズ、ブラジャーが死体についていた」という。

　　これらの事実から、扶示子は、着ていた制服の上着は袖の部分を除いてすべて焼けてしまったが、改めて言及することもないが、制服姿で殺されていたことが判る。

　　しかも、ちゑ子と雅一郎が見つかった遺体の下からは、蚊帳の燃え残りが見つかっていて、藤雄が表八畳間の中央の布団にうつ伏せになった時、藤雄が蚊帳の中で直接布団の上でうつ伏せになっていたのか、それとも、蚊帳が部屋の布団の上にすでに落ちていて、藤雄が蚊帳の上に乗っかって、その下に布団があってうつ伏せになっていたのかは不明だが、藤雄が表八畳間で刺されたのなら、藤雄は表八畳間で犯人と争っていたことになるし、別の部屋、例えば仏壇の間などで刺されたのであれば、藤雄は犯人に表八畳間まで連れてこられたことになる。

　　どちらにしても、藤雄がお腹を刺された後、表八畳間の中央の布団の上でうつ伏せになるまでは、単独犯なら一人の犯人が、藤雄に付きまとっていたのだから、ちゑ子と雅一郎が同じ部屋にいたのであれば、ちゑ子と雅一郎は、悠長に知らん顔して、布団の中で寝ていることなどできなかったはず。しかも、藤雄が刺されて、表八畳間の中央の布団の上で 20 分間、うつ伏せになっていたのだから、本件が単独犯なら、藤雄の異常事態に気づいて、大声で悲鳴をあげたり、部屋から逃げ出して助けを呼んだり、二人で犯人に抵抗することも出来たはずなのに、隣家の家人は、そうした騒動を反映する物音を聞いていない。袴田が供述した、ちゑ子と雅一郎は表八畳間で寝ていたとするには無理がある。

　　しかも、ちゑ子の衣類が寝巻姿であったからといって、扶示子の服装は、「首

の上部には女学生の制服の袖カバーとみとめられる白い木綿の布片がかかり、これは焼けていない」状態だったし、雅一郎の服装も、「表面はことごとく炭化し、わづかに燃え残った衣類の一部が腰のあたりに付着しており、白と空色の縦縞のパンツ、白メリヤスシャツ、白ワイシャツとわかる。白ワイシャツには左胸のポケットにシャープペンシル1本が入れられている」状態で寝ていたと判断するには無理がある。したがって、犯人に襲われた時、家族4人が寝ていたと判断した原判決は、重大な事実誤認による誤った判断をしていた。

また、表八畳間の騒ぎを聞きつけられた扶示子も、同様に、逃げ出すことも、「助けて」などと大声を出すことも出来たはずなのにそれをしていない。それが出来なかったのは、藤雄以外の3人も抵抗したり、助けを呼んで叫ぶことも出来る状況になかったかではないのか。

藤雄以外の3人が抵抗出来なかったのは、本件は単独犯の犯行ではなかった。橋本家の犯行は、犯人が複数いたから、藤雄以外の他の家族も逃げ回ることも出来ず、それぞれの家族につきまとう犯人がいて、最大4人の犯人に家族は制圧され、身動きの出来ない状況に置かれていたからと見るのが自然だ。

6. 橋本家の火災の状況は

検察が主張する冒頭陳述の放火順序と裁判官の認定は、「①ちゑ子と雅一郎、②扶示子、③藤雄の順に火をつけた」というものだったが、春田龍夫の『検証調書』（昭和41年8月8日作成）「13 焼毀状況と出火点について」によれば、(1)で、「焼毀度を総合すると、家屋内の表八畳間、仏だんの間、ピアノの部屋が最も焼毀甚だしくこれから順次勉強部屋、食堂、勝手場へ、そして一方両応接間へ及んだ火は、土間へと延びていったと認められる（400～401p）」という判断していた。

しかし、勉強部屋とピアノの部屋などから見つかった針がなくなったりして止まった時計や、鴨居などの炭化深度から分析すると、『検証調書』の判断は誤りだったことが分かる。

7. 袴田の犯行と矛盾する焼け残った時計が止まった時間

事件当夜の橋本家から見つかった時計と火災の影響は、春田龍夫の『検証調書』（昭和41年8月8日作成）によれば、次の通り。

時間不明 仏壇から落ちた大きい方の目覚まし時計と藤雄の腕時計の2つ。
1時2分 仏壇から落ちた小さいセイコー製目覚まし時計が止まった時間。

図4　橋本家の間取りと遺体の状況

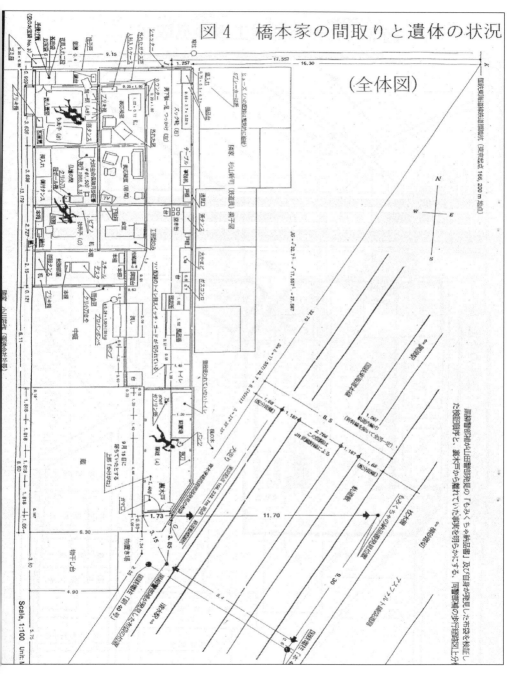

（全体図）

図は後藤挙治氏作成

1時6分 勉強部屋の大棚と東側のガラス戸との間に横たわっていた、黒く焼毀した丸形置時計が止まっていた時間。

1時31分 勉強部屋の机の脇の床に落ちていた懐中時計が止まった時間。
懐中時計は床に落ちた衝撃で止まったものと推測できる。

1時44分 東海道線の上り列車が橋本家の裏を通り抜けた時、焦げ臭かったとの証言があり、この時間には、すでに橋本家から炎が上がり、煙が外に吹き出ていた。

1時45分 机の上に置かれた置時計が止まっていた時間。

2時ごろ ピアノの部屋の畳の上（ピアノの部屋の布団と勉強部屋側の敷居の間で扶示子の遺体から1mほど離れた畳の上）に落ちていた短針が2を指して止まっていた腕時計の時間。

2時12分 表八畳間のちゑ子のガラスカバーがなくなった腕時計が止まった時間。

2時14分 奥応接室の西側（仏壇の間側）の鴨居の中央に東向きにかけられたガラスが焼け落ち文字盤が黒く変色した丸形掛時計が止まった時間。

2時32分 火災が消火された時間。

2時38分半 表土間の上を向いて土間に落ちた柱時計が止まった時間。

藤雄の腕時計 時計の針が全部消失していた。

　まず、「①ちゑ子と雅一郎、②扶示子」に放火したのであれば、表八畳間のちゑ子のガラスカバーがなくなった腕時計（腕に装着していた）が最初に止まり、次に、扶示子の遺体から1mほど離れた畳の上の腕時計が止まることになる。だが実際はその逆で、ちゑ子の腕時計は**2時12分**を指して止まり、短針が**2時ごろ**を指した扶示子の腕時計よりも12分あとに止まっている。

　また、勉強部屋の机の上の1時45分を指して置時計が止まったのは、勉強部屋が燃えた火災の熱の影響を受けたからと解釈できる。ところが、2番目に扶示子に放火して、その火災の影響を受けて勉強部屋が延焼して置時計が止まったのであれば、長針がなく、短針が2を指して（**2時ごろ**）止まったピアノの部屋の腕時計よりも、本来なら後に止まることになる。ところが、ピアノの部屋の腕時計の時間よりも、勉強部屋の机の上の置時計の方は15分も早く止まっていた。

　さらに、袴田が認めさせられた「①ちゑ子と雅一郎、②扶示子、③藤雄の順に火をつけた」という放火順序からいえば、藤雄の腕時計同様に、ちゑ子の腕時計も早い時間から火に包まれるようになるので、針まですべて時計から外れてなくなっているのが自然だ。

８．　柱や鴨居の炭化深度からみる放火場所

　春田龍夫の『検証調書』によれば、柱（床から 1.55 m の高さで測定）と鴨居（床から 1.9m の高さで測定、以下同じ）の炭化深度は以下の通り。

表八畳間西中央の柱（床から 1.55 m の高さで測定）

東側 5 ㎜　　北側（表道路側）3 ㎜

表八畳間西中央の南側（仏壇の間側）の鴨居

（床から 1.9m の高さで測定、以下同じ）

南側（仏壇の間側）3 ㎜　　北側（表八畳間側）3.5 ㎜

仏壇の部屋　東側（奥応接間側）の鴨居　　　　西側（仏壇の間側）2.5 ㎜

東側（奥応接間側）0 ㎜

ピアノの部屋の仏壇の間側の鴨居の仏壇の間側の炭化深度　　　　　3.5 ㎜
ピアノの部屋の仏壇の間側の鴨居のピアノの部屋側の炭化深度　　　　3.5 ㎜
ピアノの部屋の勉強部屋側の鴨居のピアノの部屋側の炭化深度　　　　4.5 ㎜
ピアノの部屋の勉強部屋側の鴨居の勉強部屋側の炭化深度　　　　　　7 ㎜
ピアノの部屋の東の柱　床から 1.55 m の高さで　東側（食堂側）2 ㎜　　西側 8 ㎜

床から 1.55 m の高さで　南側（勉強部屋側）8 ㎜　　北側 4 ㎜

食堂西の鴨居（ピアノの部屋側）　　　　西側（ピアノの間）3.5 ㎜　　東側 1.5 ㎜

　以上の炭化深度からみると、ピアノの部屋の勉強部屋側の鴨居の炭化度（昭和41 年 8 月 8 日付　春田龍夫の検証調書）を見ると、勉強部屋側が 7 ㎜であるのに対して、ピアノの部屋側は 4.5 ㎜と浅く、勉強部屋側の鴨居がピアノの部屋側よりも長く燃えていた。つまり、最初は、ピアノの部屋に接する勉強部屋側の鴨居が火にさらされていて、2.5 ㎜炭化が進んでから、ピアノの部屋側の鴨居が燃えていた。

　さらに、「ピアノの部屋の仏壇の間側に接して置かれていたピアノは、表面が炭化するも原型をとどめていた」「ピアノの部屋の勉強部屋側に接して置かれていた本立てと机は、勉強部屋側に崩れるように倒れて大部分消失し、ようやくその形が机と認められる状態だった」というのだから、勉強部屋で放たれた火は、ピアノの部屋の机を延焼する時には、火は床を這うように燃え、机の足元から燃え移った．この時、ピアノの部屋と食堂の間の柱にも飛び火して、柱を燃やしたが、柱は下から上へと燃えて、炎がのぼっていったから、柱のピアノの部屋に面した面と勉強部屋に面した面を 8 ㎜と、よりはげしく燃やすことになった。

　そして、ピアノの部屋に入った炎は天井に上がり、熱気が天井の下にたまって

いくと、天井板を焦がしながら、仏壇の間側のピアノの部屋の鴨居の上に掛かっていた額の表面と吊るしていた紐様のものを焼き、額を落下させて、天井板に火が移ると、天井板に穴を開け、屋根裏に炎と熱気が上がっていくと同時に、熱気が溜まるとたまった熱気の層が、下へ下へと下がっていくことによって、部屋の中に熱気を充満させてピアノの表面を焦がし炭化させていく経過を、屋根が焼け落ちるまで辿っていたことが判る。

　これを裏付ける証拠に、ピアノの部屋の鴨居に掛かっていた額がある。

　扶示子の遺体の下にあった額は、春田龍夫の『実況見分調書』（昭和41年7月5日作成）によれば、「表面が黒く炭化した75cm×35cmの板があり、その上部、西南隅の部分にも汚れた血痕付着が認められる。板の西側に薄い血痕が認められた衣類の一部が焼け残っていた。板をあげると畳に血がしみ込んでおり（なおこの畳の血痕は、9cm×9cmの範囲にわたり血液ようのものが畳の目の間へしみ込んだ跡があり、水で薄くなった赤色をしていた）、パンテー2枚・焼けた衣紋掛け1個・マッチ5本が下敷きになっていた」という。

　この板は、「板の額でピアノの上部（遺体の上）の鴨居に掛かっていたもの」（長女昌子の証言）で、表面が勉強部屋に向いて、裏面は仏壇の間に向いていた。

　春田龍夫の『検証調書』によれば、この額の上面は汚れ黒く泥、炭化物などが付着しているが、体の下敷きとなっていたため、他のように土砂などが積もっていない。板の南西隅上面には汚れた血痕ようのものが付着していると認められた。また、「この板を詳細に検すると、上になっている部分には明瞭ではないが字が刻んである。これが表面。しかも字の方向から東側が上縁と認められる。板は裏側がへこむ様にそりが生じている（極端に表現すると南北に長く蒲鉾を置いた形）。そして遺体の頭部に近い部位、即ち額に向かって右上縁が約20センチにわたって炭化しており、他は上面が黒く焦げている。額を取り去ると裏面は水で汚れているだけで、焼毀していなく、下には額の部分だけ畳が出る。畳は泥水で汚れているが焼けていない」と、額の下の畳が火事の影響を受ける前に、その畳の上に、表面だけが炎の影響で黒く焦げ、一部炭化した額が落ちて、その上に扶示子は倒れていた。

　扶示子の遺体の上には、焼け落ちた瓦・土砂・炭化物・蛍光灯の焼けたケース・焼けた太い棒などが乗っていた。

　この額の下の畳が焼けていなかったことが、なによりも火が天井から下へ下がりながら燃えていったことを示している。しかも、額の下から見つかった「マッチ5本」は、犯人がここで、火をつけようとマッチを擦ったけれど、畳が燃えていなかったことからも、畳から火が燃え広がらなかった事実を示している。

　しかし、袴田が犯人なら、扶示子の部屋の仏壇の間側の鴨居の下で放火したこ

とになるので、勉強部屋側に延焼するのはピアノの部屋が一定程度燃焼した後となり、当然、時計が止まる時間も扶示子の部屋の腕時計が先になるし、勉強部屋側との間の鴨居の炭化深度、ピアノの部屋側 4.5 mm と勉強部屋側 7 mm が、逆になっていなければ不自然である。

　また、食堂や奥応接間の西側の鴨居は、食堂が 1.5 mm、奥応接間が 0 mm。反対に食堂に接するピアノの部屋側の鴨居は 3.5 mm、奥応接間に接する仏壇の間側は 2.5 mm とあるように、延焼の火は、勉強部屋側から来ていて、食堂や奥応接間に火が廻るよりも前に、ピアノの部屋から仏壇の間の鴨居に火が廻わり、その後、炭化が 1 mm 進んでから食堂の鴨居に火が廻っていったことからも、母屋では勉強部屋が最初に放火されたことを裏付けている。

　食堂についた火が、奥応接間に移っていた兆候は、奥応接間の南側（食堂側）にはめられた 3 本のガラス障子戸のガラスがことごとく焼け落ちて桟が残っており、特に上半分が焼毀が強く、「3 本のうち東側 1 本が食堂側へ鴨居からはずれ東から 68 センチ開いた状態になっており、鴨居の状況からこの部位にはまって焼毀したものと認められる。焼毀度は北側（奥応接間）より南側（食堂側）が強い」ということからも、食堂の燃焼が、奥応接間の燃焼よりも早かったことが確かめられる。

　こうした、勉強部屋からの燃焼の転移があったにもかかわらず、袴田の供述は、勉強部屋に放火したことに一言も触れていない。

　また、『検証調書』によれば、表八畳間と仏壇の間のあいだには、襖 4 枚がはまるようになっている。4 枚のうち西寄りの北側（表八畳間側）のものは、上下の桟と中の格子が下半分焼け残っている。同じく南側のものは、格子全部が焼け残っている。この戸の西寄りの襖 2 枚は、西側へ一杯に重ねて寄せられている。

　表八畳間と仏壇の間のあいだの東寄りの北側のものは、桟と格子下半分、同じく南側のものは、下および横の桟と上の桟半分がそれぞれ焼け残っている。東側の柱（表応接間と奥応接間の境の柱）には襖 1 枚が密着して鴨居の北の溝（表八畳間側）に寄せられており、東から 2 枚目は東の柱から 85 cm のところに東の桟・鴨居の南（仏壇の間側）の溝にはまって残っている。

　表八畳間西中央の柱（床から 1.55 m の高さで測定）

                              東側 5 mm　　北側（表道路側）3 mm
　表八畳間西中央の南側（仏壇の間側）の鴨居

                    （床から 1.9m の高さで測定、以下同じ）
                        南側（仏壇の間側）3 mm　　北側（表八畳間側）3.5 mm

このように、表八畳間と仏壇の間のあいだの鴨居の下の西側の格子の表八畳間側が下半分残っているのに対して、仏壇の間側が格子全部が残っているということは、西側に関しては、火は屋根や天井にあがり、その火が上から下へ、八畳間側から下に下がって燃え移っていったことを示している。なお、屋根の棟は、表道路に面して平行（東西）に作られていることからみても、勉強部屋側からの火が、ピアノの部屋から天井や屋根裏に駆け上がり、その火が、表八畳間に至って、屋根裏から表八畳間の天井から、さらに下へ延焼した可能性を示している。

9.　勉強部屋への放火は何時行われたか

　西隣の小川荘作が便所に行くために起きたのが１時30分頃。春田龍夫の『実況見分調書』（昭和41年８月５日作成）によれば、小川家の便所は、離れの勝手場を通って奥（南）にあり、橋本家とは「0.4メートルの間をおいて近接している」。勝手口に入る境は、塀を挟んで勉強部屋の真西にあって、その奥南の小川家の便所は、塀を挟んで橋本家の中庭に接して北側にある勉強部屋と向かい合っていて、勉強部屋の東端が中庭を挟んで対角線上の位置にあり、橋本家の勉強部屋の物音は、中庭と40cmの間を挟んでいるだけで、塀越しにすべての音が聞こえる位置にある。

　したがって、小川荘作が便所に行く時に聞いた、材木が倒れるような「ボクンボクン（ボタンボタンとも）」という物音を聞き。続けて「ボクンボクン」と数回にわたって物音を聞き、「ズシンズシン」という音を２回聞き、そのあと続いて物が畳の上に崩れ落ちる音を聞いたのは、勉強部屋から聞こえてきた音と解釈するのが自然である。

　この小川荘作がもの音を聞いた１時30分頃の時間と、勉強部屋の床に落ちた懐中時計が止まった時間１時31分との一致をみれば、少なくとも、この物音の最中か、その前後の時間に勉強部屋への放火が行われていたと見るのが自然である。

　そして、勉強部屋の机の脇の床に落ちた懐中時計が**１時31分**に止まった頃に、勉強部屋に放火されたのであれば、**１時44分**、東海道線の上り列車が橋本家の裏を通り抜けた時、焦げ臭かったとの証言と矛盾しないし、**１時44分**には、すでに橋本家から炎が上がり、煙が外に吹き出していた。さらに、勉強部屋で燃え広がった火の熱で、机の上に置かれた置時計が**１時45分**に止まったこととも矛盾しない。つまり、机の上に置かれた置時計が止まっていた時間の**１時45分**には、勉強部屋では放火の炎が勢いよく燃え盛っていたから、その熱で机の上の置時計が止まることになった。

その後、ピアノの部屋の畳の上にあった扶示子の時計を**2時ごろ**止まったことが、勉強部屋の鴨居が燃えてから延焼した火がピアノの部屋側の鴨居に燃え移ったことと合致し、さらに、表八畳間のちゑ子の腕にあった時計を2時12分に止まったことが、ピアノの部屋や仏壇の間から天井や屋根裏から表八畳間に火が回ったことと合致している。

10.　犯人が家族の体にまいたのはガソリンではなかった

　寺田勇太郎の『実況見分調書』によれば、扶示子は、頭をピアノの部屋の自分の布団の端に乗せ、足を仏壇の間に投げ出してうつ伏せで死んでいた。焼け残った「パンテーの一部、ブラジャーの一部」が体に付着。衣類に油ようの臭気があったという。

　しかも、春田龍夫の『実況見分調書』（昭和41年7月5日作成）によれば、ちゑ子の「頭部よりガソリンようの強い臭気を感じた」「体の下敷になって焼け残った蚊帳の下に水にぬれた毛布2枚（領置ずみ）からもガソリンようの臭気がする」とあり、橋本義雄も2枚の毛布は「たしかにガソリンくさい」と説明したと記載している。

　寺田勇太郎の『実況見分調書』（昭和41年7月10日作成）では、ちゑ子の「衣類については油臭が付着していた」。雅一郎の「衣類については油ようの臭気が付着していた」。藤雄の「衣類については油ようの臭気が付着していた」。扶示子の「衣類は油ようの臭気があった」としていた。

　上野正吉は『鑑定書』で、袴田巌の供述「（20）専務の家に火をつけて燃やしてしまえば、全部焼けて、専務たちも火事で焼け死んだようにみえるだろうと考えたのです。工場の通路の横に積んであった味噌を入れる八キロ入りのからのポリ缶を持って来て三角部屋にあった灯油缶の蓋をねじって開けて、ポリ缶にガソリンを八分目位入れて」「（21）倒れている専務にガソリンをかけ、それから奥の寝室に行って雅一郎と奥さんにガソリンをかけ、最後に扶示子さんにガソリンをかけました」「（22）それからマッチがないかと思って付近をさがしたところ、仏壇の横の畳の上に銀行でくれる様な大きなマッチ箱があったので、そのマッチ箱をあけて、最初に雅一郎と奥さんの死体にマッチをすって火のついたマッチ棒を投げつけたところ、ぽっと燃えあがったので、今度は扶示子さんの死体のそばに行ってマッチに火をつけ、そのマッチ棒を扶示子さんの死体に投げつけて火をつけ、それから通路の方に行きました。そして裏口の戸のそばまで来て、ふと手にもっていた金の袋のことを思い出したので……」「（23）それからマッチをすって専務の死体の上に投げて火をつけ、裏口の戸を引っ張って、体が出る位開けて

外に出ました」を引用して、鑑定書を書いた。

　袴田巖の供述調書による検察官の主張は、それぞれの家族の遺体発見場所で、家族の体に油（ガソリンが想定されている）をまいて火をつけたことにされ、袴田巖の供述を鵜呑みにした遺体に火をつけて燃え広がったという供述にそうように追認した上野正吉の鑑定も、『検証調書』の分析から、明らかになった放火は、「橋本家の母屋への放火は、勉強部屋への放火が最初で最後だった」事実に反している。

　また、ガソリンをまいて放火したというのなら、ガソリンは40度で気化するといわれているが、実際は40度にならなくても気化ははじまり、その気化したガソリンは、母屋に充満した炎や熱気で着火し、爆発的燃焼をして一旦炎は周囲に広がるが、広がって気圧が低下した炎の中心部に向かって今度は周囲の空気を引き込んで、気化したガソリンの火は確実に、被害者にかけたというガソリン本体を燃焼させるので、放火の開始から消防による消火まで1時間しかなかったとはいえ、ガソリンはことごとく燃え尽きることになり、燃え残った衣類や遺体からガソリン臭が残ることはない。

　静岡県清水署の『清水市横砂会社専務宅一家4人殺害の強盗殺人、放火事件捜査記録』では、多量の血痕が土間で見つかったというが、正規の捜査記録では報告されていない。けれど、百歩譲って、多量の血痕があったとしよう。しかし、袴田が犯したとされる犯行では、藤雄を土間で刺したのだから、お腹側に大きな傷を負った藤雄は、放火前にコンクリートの上に直接、うつ伏せに倒れて出血することになるので、藤雄の血液は、直接コンクリートにこびりついて固まることになる。したがって、泥土に藤雄の血液が流れ出ることはない。しかも、約20分前後うつ伏せで出血して、瀕死になった藤雄が、自力でうつ伏せから仰向けになることは不可能で、藤雄が仰向けになって土間から発見されたということも、袴田の犯行を否定する証拠といえる。

　しかも、袴田は藤雄を刺してから、放火したというのだから、コンクリートの上で20分位うつ伏せになっていて、瀕死の状態になったところへ、無傷の土蔵脇で火をつけたことになるので、そもそも、藤雄とコンクリートの間には、3mmの土砂は存在しないし、しかも、放火の後、藤雄は自力で仰向けにひっくり返ることなどできない瀕死の状態になった訳だから、袴田の犯行なら、藤雄は仰向けではなく、うつ伏せの状態で見つかることになり、しかも、遺体の下の土蔵を覆っていた土砂は、当然、うつ伏せになったままの藤雄の上に剥がれ落ちることになる。

　したがって、遺体とコンクリートの土間のあいだに、3mmの土砂が見つかった状況は、袴田が供述した犯行では起こらない現象である。この点からも、袴田が供述させられた犯行は、実現不可能である。つまり、袴田の供述調書は、藤雄への火付け一つとっても、そもそも、『検証調書』に書かれた事実に反する「ウソ」

の内容であり、架空の犯罪行為を警察や検察から、無理やり認めさせられた供述だということになる。

　同様に扶示子への火付けにしても、「同家ピアノの間で」扶示子を刺したというのであるから、まだ、鴨居の上にあった額は下に落ちていないし、扶示子が見つかった場所で、直接ガソリンをかけ、火をつけたというのだから、畳に染み込んだガソリンも含め火がつくことになるので、額の下になった畳にも火がつき、炭化した状態で見つかるはずなのに、額の下になった畳はそもそも燃えていなかった。しかも、額そのものも扶示子の遺体の上から見つかっていなければ矛盾する。

　同様に、袴田は、ちゑ子にガソリンをかけて最初に火をつけたというのだから、実際の犯人に表八畳間から火が放たれた土間に移動させられ投げ込まれた藤雄同様に、ちゑ子も早い時間から火にさらされることになり、ちゑ子の腕時計は、藤雄の腕時計同様に、時計の針がすべて飛ぶことになるのに、実際は、ちゑ子の腕時計は、針が２時12分を指して止まっている。

　しかも、扶示子の遺体から離れた、ピアノの間の布団の傍にあった時計は、ちゑ子の時計よりも早く長針までが飛んでいて、短針が２時を指して止まっていた。つまり、ちゑ子が腕に身に着けていたちゑ子の腕時計よりも、扶示子にガソリンをかけ火をつけた扶示子の遺体から１ｍほど離れた場所にあった扶示子の時計は、２時ころには止まっていた。袴田が犯人なら、扶示子の時計は、ちゑ子の時計よりも後に止まっていなければ矛盾する。

　そもそも本件の犯行が、単独で行われたのであれば、この勉強部屋への放火時間の前の少なくとも20分位前に、藤雄は表八畳間の中央寝具の上でうつ伏せに倒れていたことになるから、藤雄が刺されたのは、１時31分よりも20分位前の１時11分頃には、犯人にお腹を刺されていたことになる。

　しかも、表八畳間の中央寝具や土間以外に11ヶ所も血痕が存在する事実から、残された血痕の血液型が判らなくとも、これらの血痕が、藤雄やちゑ子と雅一郎の内の一人か二人か、それとも３人が３人とも藤雄から順に表八畳間の中央寝具への移動の途中で出血した事実を示すことになる。しかも、仏壇の間と表八畳間のあいだの鴨居の西端に２枚の襖が接していて、その襖の東側が襖１枚分ほど、開かれた状態だったことからは、被害者が仏壇の間から表八畳間に移動させられた過程で出血し、それぞれの場所に付着した可能性も示すことになる。

　しかも、仏壇の間にあって、１時２分に仏壇から落ちた小さいセイコー製目覚まし時計が止まった時間が、何よりも、犯行の端緒を示しているといえる。袴田が犯人なら、最初に土間で藤雄への犯行に及んでおり、仏壇から時計が落ちることはなかった。また、この時計が、消火作業の時に落ちたとするには、無理があ

る。1時2分には消火作業は始まっていなかった。

　また、放火による延焼でこの時計が止まったというのなら、1時31分ごろに勉強部屋への火付けが始まったのだから、1時31分の勉強部屋への放火の延焼で、仏壇の間に火が廻ってから時計は止まることになるので、1時31分よりずっと後になって、この時計は止まっていなければ矛盾する。

　これとは違い、仏壇の間の時計が落ちて止まった時間や、表八畳間で見つかった血痕が被害者の移動を示しているなら、本件の犯行は、仏壇の間で1時2分にはすでに始まっていたことになる。また、12ヶ所の血痕が、藤雄やちゑ子と雅一郎の表八畳間以外からの移動を示すものでないのなら、藤雄やちゑ子と雅一郎の3人は、表八畳間で集中して刺されたことになる。いずれにしても、袴田が供述させられた検事が主張する袴田の犯行とは似ても似つかない犯行手順となってくる。

　また、扶示子にしても、ピアノの部屋にあった血痕や、仏壇の間とのあいだの鴨居の下の、扶示子が覆いかぶさっていた板（額）の下の畳に染み込んでいた血痕が、扶示子の血痕に間違いがなければ、扶示子は額が落ちる前にピアノの部屋で犯人によって刺された後、仏壇の間へ移動して、放火の火が鴨居の上の額の表面を焦がし、額を吊り下げていた紐様のものを焼いたため額が落下してから、仏壇の間の屋根や天井を焼いた火が降りてきて、逃げ場を求めてピアノの部屋側に移動したとき、鴨居の下で力尽きたか、最初は仏壇の間にいて刺された後、ピアノの部屋に一時的に移動し、額が落ちてから仏壇の間に移動して、さらに鴨居の下を這って移動する最中に力尽きたことになる。

　さらに、袴田がいう単独犯の犯行の場合には、被害者4人を刺し終わってから、放火したというのだから、藤雄を刺してからうつ伏せになっている間に、他の3人を刺しに行ったとしても、勉強部屋に放火した時間帯の1時31分と藤雄が表八畳間の中央寝具の上で20分以上うつ伏せに倒れていた時間の間には、さらに土蔵脇の土間に火を放ち、土蔵を覆っていた土壁が落下してから、藤雄を表八畳間から土間に連れ出す移動の時間も必要になるので、藤雄が刺された時間は1時11分よりもずっと前だった可能性も出てくる。

　1時2分に仏壇の間の仏壇から落ちて、小さいセイコー製目覚まし時計が止まった（時計が落ちるには仏壇の間での人の動きがあったからで）ことが、この時間に限りなく近づく時間帯に、橋本家の犯行は始まっていた可能性すら示唆しているのではないだろうか。

11.　裏木戸は逃走経路に使えなかった

橋本家の土間は、遺体より奥の突き当りに裏木戸があり、裏木戸に至る通路の左脇に薪置き場・右脇に土蔵があった。しかも火事の後の土蔵は石がむき出しになっていた。したがって、遺体の下の土砂が土間の屋根に由来するものでないとなると、土蔵の石壁に塗られていた土壁が剥がれ落ちたものということになる。そうなると藤雄がここに来る前にすでに薪置場横の通路付近は放火されていて、放火の熱で土壁が剥がれ落ちていたことになる。

　したがって、藤雄が、八畳間から土間に引きずられて移される前には、裏木戸に至る通路は放火されていて、土蔵を覆っていた土砂がコンクリートの上に落下して、コンクリートを覆ってから、藤雄は土間で燃え盛る火の中に放り込まれていた。

　犯人は、逃げ出す前に裏木戸に通じる土蔵脇の土間に放火していたのだから、裏木戸はそもそも逃走経路にはなりえず、袴田が裏木戸から逃走したと認定された袴田の犯行は成立しない。

　これらの事実から、放火されたのは勉強部屋で、扶示子やちゑ子と雅一郎を刺した後、扶示子やちゑ子にガソリンだと推定されている油をかけて放火していない。しかも、土蔵脇の土間には、藤雄を表八畳間から連れ出す前に、灯油をまいて放火し、土蔵を覆っていた土壁がコンクリートの土間に剥がれ落ちてから、藤雄を火の中に放り込んだので、裏木戸はそもそも逃走経路にはならなかった。この点も、袴田の供述とは大違いの犯行が行われていた。

　しかも、土蔵脇への放火の火は、土間の屋根の杉の皮に延焼して燃え広がっていて、屋根のトタン板まで落下しているので、裏木戸と屋根の隙間から煙や炎が噴き出していたとしても、それは一部にすぎず、煙や炎の残りは土間全体の空間に充満するので、藤雄を土間に放置した後は、すぐさま橋本家から逃げ出す羽目になる。したがって、土蔵脇への放火は、勉強部屋に放火した後だったことが分かる。もし、勉強部屋より先に、土蔵脇に放火していたのであれば、藤雄を表八畳間から連れ出すときには、土間の空間は煙や炎が充満していたことになり、藤雄を土蔵脇まで連れ出すことが困難になっていたからだ。

　犯人（犯行グループ）は、藤雄を刺した後、表八畳間の中央の布団にうつ伏せに寝かせ、そのあと、ちゑ子と雅一郎や扶示子を刺し、勉強部屋に灯油のような着火剤をまいて火をつけ、藤雄が横たわってから20分位たった後、土蔵脇に着火剤をまいて火をつけ、直ちに藤雄を表八畳間から運び出し、土蔵脇に放置した後、どうやって隣家に気付かれずに逃走できたのかといえば、橋本家の裏の東海道線を通過した上り列車の通行にあわせて逃亡をはかったとみるのが自然である。

　橋本家は、表側が東海道に、裏（裏木戸）側が鉄道の東海道本線の線路に挟まれており、当時、列車の運行時間は周辺の人にとっては時報代わりだったことか

らも、犯行時間帯の30日の午前1時44分に通過する東海道線の上り列車は、東海道線の周辺に住んでいる人間にとっては周知の事実で、犯人はこの時間に合わせて表のシャッターを開け閉めして逃走したことは容易に想像できる。

12.　犯行着衣が実際に受けた火災の影響

　これまでの現場検証の『検証調書』の分析と袴田の供述した犯行には大きな齟齬（違い）があり、袴田の犯行は成立しない。このことから、警察や検察が袴田の犯行を裏付ける証拠だとして、裁判所に提出した証拠物のすべてが、警察・検察により偽造されたものだと示されたことになる。したがって、5点の衣類から、犯人や袴田のDNAが出るの出ないのとか、衣類に付着された血液が、1年もみそ漬けになると、赤みを帯びたままかどす黒く変色してしまうのかという争いも、そもそも5点の衣類が袴田の犯行を裏付ける証拠物でない以上、袴田の有罪無罪を立証する争点にはなりえない。

　それでも、百歩ゆずって、この衣類を使って袴田が犯行したとして、現場検証の結果を分析して明らかになった、実際に行われた本件の犯行状況に基づいて、この衣類が橋本家の火災の影響をどのように受けたかを分析してみると、以下のようになる。

　橋本藤雄を刺して表八畳間にうつ伏せにして寝かせたあと、ほかの3人をそれぞれ刺して傷を負わせてから、勉強部屋の机の脇の床に落ちた懐中時計が1時31分に止まったころに、勉強部屋に灯油をまいて火をつけるには、新聞紙など紙を丸めて、それに火をつけて放り込めばすむので、犯行に使用した衣類は、勉強部屋への放火では、熱の影響はほとんど受けない。しかし。この後、1時44分に東海道線の上り列車が橋本家の裏を通り抜けた時、焦げ臭かったとの証言があり、この時間には、すでに勉強部屋で火は燃え上がっていて、橋本家から煙や炎が外に吹き出していて、1時45分　机の上に置かれた置時計を止めたことと合致する。

　また、勉強部屋への放火の後、土蔵脇にまかれたであろう灯油に放たれた土間の火は、土間を覆っていた屋根のトタン板の下の、上から瓦、泥、粘土、杉皮が重なっている屋根材の杉の皮から燃え広がって、土間に火が充満していくし、さらに、ピアノの部屋の畳の上にあった扶示子の時計を2時ごろには止め、勉強部屋から延焼した火がピアノの部屋に燃え移ったことと合致し、さらに、表八畳間のちゑ子の腕にあった時計を2時12分に止めたことが、ピアノの部屋や仏壇の間から天井や屋根裏から表八畳間に火が回っている。

　したがって、土蔵脇に犯人は火をはなって、土蔵の壁に塗られていた土壁が、

土間に落下してから藤雄を土蔵脇に放置したのだから、当然、裏木戸が逃走経路になるはずもない。それでも、袴田が一人で藤雄を土蔵脇まで運んだとしたら、土間に着いた時点で5点の衣類はその背中側が、土蔵脇の火の輻射熱の影響を、ここで初めて受けることになる。そして、犯人が、橋本家の周囲の家族に気づかれずに逃げ出すには、東海道線の上り列車が橋本家の裏を通り抜けた時間に、早々と逃げ出すことになる。

　同じように、袴田が、1時44分に逃げ出して、一度、工場まで戻って、犯行を犯したことに知らん顔して、消火活動に加わったとしても、火事の現場では、裏木戸と土間の屋根の隙間から火は噴き出すので、裏木戸に近づくこともできず、表に回っても、消防団の消火後に、表のシャッターは閉まったままだったので、誰も、シャッターを開けて橋本家の家の中に入ることもなかったから、袴田も、火を前にしてバケツリレーでもして水をまかない限り、ほとんど手出しができずにいたことは明らかで、この時、衣類の表側（腹側）は輻射熱の影響を確かに受けるが、背中側はほとんで影響を受けず、輻射熱の影響で体から噴き出た汗が染みこんで、その後、乾くことになる。

　そうであれば、この5点の衣類から、袴田の汗から染みこんだDNAが検出される蓋然性が高いことになる。つまり、その袴田の汗とともに染みこんだDNAが一片も見つからないというのであれば、この衣類は、みそ漬けにされる前、丹念に火であぶられたか、そもそも、この衣類には袴田が着たという痕跡がまったく存在していなかったことになる。

　実際の事件現場が示す犯行の実態を、原審裁判以来、全く無視してきた検察が、5点の衣類からDNAが検出不可能だと主張し、あくまでも犯行衣類だとしているのであれば、いみじくも、今回の差し戻し審で、袴田巖の無実を、検察官自身が主張していることになり、東京高裁の裁判官が「袴田巖の完全無罪」を認めないのであれば、正義に反する

　実際は、二人の犯人が藤雄の左右の腕をそれぞれ片方の腕を抱えて、背中が下になるように（仰向けになるように）火の中に放り込んだとみるのが自然だろう。

13.　本件は単独犯では不可能

　いずれにしても、この1時2分から1時11分よりも前の時間の間に、本件では犯人が藤雄を表八畳間か仏壇の間で刺し、藤雄は表八畳間の中央の布団の上にうつ伏せになっていたので、検察官がいう、袴田が犯行を実行に移す時間の1時20分や原審判決がいう1時ころには、犯行の真っ只中だった可能性があり、藤雄が表八畳間の中央寝具の上でうつ伏せになって、多量の出血をしていた点から

も、袴田は藤雄を表八畳間から土蔵脇の土間に移動させていないので、本件の犯行は、袴田巖の供述では成立しない。

さらに、藤雄は土間に移動させられる前に、表八畳間のちゑ子の中央寝具の上でうつ伏せになって寝かされていたので、ちゑ子や雅一郎は中央寝具や隣の南側の布団の上で寝ているどころの騒ぎではなかった。そればかりか、ちゑ子が寝巻姿だったからといって、雅一郎の衣類は白Yシャツの左胸にボールペンを挿していた状態で見つかっており、胸にボールペンを挿して寝ているわけがないし、扶示子にしても女学生の制服姿であったことは明らかで、藤雄やちゑ子にしても腕時計を腕にしていたことからも、4人が4人とも寝ていなかった可能性が高い。

さらに、奥応接間のテーブルの上に懸けられたカトレアの花模様の敷物上にビニール製レースが置かれ、その上の「週刊誌の上に森永アイスクリームの紙製の容器の蓋が2枚重ねるように置いてあり、器の部分は週刊誌の横にあり、この付近に大型スプーン2個がある。さらに中央部に水でやわらかくなった丸形せんべい3枚と、黒く変色したバナナの皮が1本分あり、この付近にもダブルアイスと書いた冷菓の包装紙が破れて散在する。最も下部には少量の『柿の種せんべい』が入ったものと菓子の入ったものの2袋のビニール袋があった」という。

「アイスクリームの容器類8点、菓子袋2点、せんべい3点」については領置されたが、容器類8点の内訳は、この『検証調書』からはわからない。

しかし、家族が寝る態勢にあったのなら、せんべいなどが残されていたのだから、ネズミの出現で、食品や食べ物のにおいが付着している容器類は、当然、寝る前に荒らされないように、ゴミとして片付けたはずなのに、片付けていない。片付けていないことからは、家族4人は、片付けられない状況に置かれていたことが見て取れる。

それを裏付けるものが、奥応接間の部屋の角に三角の向きで置かれているテレビ台に乗っかっているテレビの向きが、火災の前から部屋の南の食堂側と西の仏壇の間側の部屋の敷居戸に接している状態になっていたことにある。この状態から見ると、奥応接間で、犯行の端緒が始まったとみるのが自然である。

もし、家族がテレビにもたれかかって、テレビ台からテレビを移動させたのなら、家族は、寝る前にテレビを元に戻して寝るというのが自然である。しかも、このテレビの移動が火災前だった証拠に、テレビ台と移動したままのテレビの上には、「土砂などが積もっていた」というのだから、本件の犯行後には、テレビはテレビ台からずれたままだった。

しかも、本件をあくまでも単独犯だと主張するのであれば、袴田が犯行を思い立ち、橋本家に侵入した時に、表八畳間で藤雄に対して凶行に及んでいる一大事を前に、ちゑ子や雅一郎は、助けを呼んで叫んだり、真犯人から逃げ回ったりす

ることができたはずなのに、ちゑ子や雅一郎や扶示子の助けを呼ぶ叫び声を、隣家の小川荘作はトイレに起きる前にも後にも聞いていない。

　この場合、ちゑ子や雅一郎や扶示子が、助けを呼ぶ叫び声をあげられなかったのは、藤雄を刺して藤雄に凶行に及んでいた犯人とは別の共犯者が、ちゑ子や雅一郎や扶示子にもまとわりついていて、3人が3人とも制圧されていたと見るのが自然である。

14.　結　論

　清水署の『捜査記録』に記載の血痕や黒柳三郎の捜索差押許可状により押収された藤雄の血痕とされる血痕が、藤雄の遺体の下の3㎜の土砂に付着していた血痕のみで、土間のコンクリートの上には血痕がなかったことが明らかになって、本件犯行は、次のように行われたことが明らかになった。

(1) 藤雄は、20分位うつ伏せになって出血していた場所は、土間のコンクリートの上ではなく、表八畳間の中央の布団の上だった。そして、瀕死の状態になった藤雄は、土間に火を放たれて、土蔵の石を覆っていた土砂が土間に落下して、3㎜の土砂がコンクリートを覆ってから、その上に藤雄は犯人に連れてこられ、土間の土砂の上に仰向けに倒された。

(2) 放火で火元になったもう一つは、勉強部屋だった。扶示子の遺体の下の額の下の畳が焦げていなかったことからも、扶示子への火付けは失敗していた。また、ちゑ子への火付けにしても、袴田がいう、藤雄への火付け同様に火付けしたのであれば、藤雄の腕時計同様に、ちゑ子の腕時計も針がすべて飛んだことになるのに、扶示子の遺体から離れていた布団の傍の畳の上にあった時計が止まった2時頃より12分も遅く、ちゑ子の腕時計は2時12分に止まっていた。袴田が供述させられた犯行なら、扶示子の時計は、ちゑ子の腕時計よりも遅く止まっていなければ矛盾する。

(3) 本件が単独犯なら、藤雄が刺されて、表八畳間の中央の布団の上に寝かされる時、ほかの3人の家族は寝ていられる状況になかっただけでなく、扶示子や雅一郎の服装からいっても、寝ていたわけではないのに、藤雄への犯行時に叫ぶこともせず、助けを求めたり、逃げ回ったりできたのに、それをしていない。その訳は、ほかの家族にも、藤雄に凶行に及んでいた犯人以外の犯人に制圧されていたからにほかならない。

(4) 藤雄が土蔵脇の土間に連れてこられる前に、土蔵脇の土間に放火されていたことから、袴田がいう逃走経路に、裏木戸はそもそも使えなかった。

（5）橋本家の台所から消えている使用中の複数あったとみられる包丁（被害者4人の刺し傷の創口×傷の深さから図示して浮かび上がった犯行に使われた刃物は4種類あったと想定される）を、袴田は持ち出していないし、工場の袴田の身辺からも見つかっていない。だから、警察や検察は、凶器をクリ小刀にして主張してきたのではないだろうか。

　以上、袴田の犯行は成立せず、しかも、本件が単独犯では不可能な犯行であるところから、袴田の犯行とされた証拠物のすべてが、偽造された物だということになる。

15.　次の証拠調べを行えば藤雄の出血場所が裏付けられる

　本件の被害者藤雄が土間のコンクリートの表面に直接流れ出て固まった大量の血痕が見つかっていない以上、表八畳間の中央の布団に染み込んだ血痕は、藤雄が大量に出血した血痕であることが明らかになる。
1.　捜査機関において領置された表八畳間の中央の布団に染み込んだ血痕の血液型鑑定書の提出命令を出し証拠開示する。
2.　もし、捜査機関が、熱の影響で鑑定できなかったから鑑定書がないと言い訳をして鑑定書を出さなかった場合は、裁判所が職権によって次の血痕の血液型鑑定を行う。
3.　表八畳間の中央の布団に染み込んだ血液は、敷布団のカバーの下の綿までしみ渡っており、さらに下のマットレスも同様である。そして上の敷布団の部位と同じ部分に中のスポンジの部位までしみ込んでいる。スポンジは3枚合わせで、上から3枚目の上面までしみ込んでいる（敷布団・マットレスをともに差押えた）ので、火事の熱に影響されなかったマットレスのスポンジ（1枚目、2枚目、3枚目）に染み込んだ血痕の血液型鑑定。

　　　添付資料　袴田巖さんからの葉書
　　　添付図面　橋本家の家の全体図（支援者の後藤挙治氏作成）

　　　　　　　　　　　　　　　　　　　　　　弁護士　菊　田　幸　一
　　　　　　　　　　　　　　　　　　　　　　支援者　白　砂　　巖

3章　袴田裁判と裁判制度

　2014年3月27日、死刑囚袴田巌の再審開始決定（静岡地裁）を受けて、検察官（東京高検）は引き延ばしを続け、東京高裁の裁判長は検察の要求に引きずられて、即時抗告棄却を早期に言い出さず、もはや証拠物としては除外されるべき、捏造された5点の衣類のDNA鑑定という争いで、再審開始を却下する始末。

　日本の裁判や、検察・警察のあり方が、無実の人間を犯罪者あつかいして、死刑囚として2023年現在57年に及ぶ人権侵害を続け、今も検察・警察による証拠の偽装を維持し、それがまかり通ってしまう裁判の制度としての現実がある。

　このような状態の裁判制度を生み出しているのが、現在の「刑事訴訟法」であり、そこに、警察・検察の職務のあり方（証拠の扱い方）に明確な規定がなく、再審請求審においても、いたずらに検察が抗告で裁判の引き伸ばしをしても許されているのが現状です。改めて、警察・検察・裁判所と弁護士が、袴田裁判で果たした役割をチェックしてみる。

１．袴田裁判で警察が果たした役割

(1) 橋本家の台所から、使われていた包丁（被害者の傷の創口と深さを図に表して現れた4つの図形から4本の包丁があったと想定される）が、一本も見つかっていないところから、当然、清水署は、橋本家には何本の包丁を使用していたか調べたはずだ。もし、そもそも調べていないというのであれば、警察官失格だ。当然、袴田巌の周辺からも犯行に使われ、犯人が持ち去った包丁は見つからなかった。この包丁に関する捜索を、続行することを放棄し、この事実を隠蔽して、仏壇の間にあった「クリ小刀」を凶器にしたこと。

(2) 現場検証で13ヶ所の血痕を領置したのだから、当然、血液型を鑑定した。それによれば、ちゑ子と雅一郎が遺体で見つかった表八畳間の中央の布団の血痕は、藤雄のものだったことは明らか。にもかかわらず、袴田巌を犯人に仕立てて、自白させる時、この事実を無視した。

　それには、現場検証記録による事件の分析を重要視せず、犯人として逮捕した人間に自白させればいい、という捜査手法が影響していると見られる。だから、清水署の捜査官は、わざわざ自白に合わせた証拠のねつ造（お金を盗むための犯行として金袋を火災現場から持ち出しばら撒き、裏木戸の再現実験と味噌漬けの5点の着衣とズボンに合わせたズボンのとも布を実家の箪笥に入れて捜索で発見した

ことにしたなど）をしたのだ。

（3）土間の橋本藤雄の遺体の下の3㎜の土砂は何処から来たのか調べたはずだ。もし、調べていないのなら、現場検証の手抜きでしかない。この土砂が土蔵の上塗りの土壁だったことはすぐにわかり、遺体の下に土蔵由来の土砂があったのは、藤雄が土間に倒れる前に、土蔵横の土間は火の海になっていたことは明らかになっていた。

　もし、明らかにしていなかったのであれば、そもそも、公判前に、裏木戸が逃走経路に使えたなんて実験はしなかったはず。証拠のねつ造をしてまで裏木戸が逃走経路に使えたと主張する準備をしていたということは、現場検証調書をもとに裏木戸に通じる土間が使えなかったことがばれてしまうので、裁判官や弁護士の目を検証調書からそらす必要を感じていたことになる。

（4）この他にも、藤雄の遺体の下のコンクリートの土間にあった3㎜の厚みの土砂。事件当時の東京の私（白砂・以下同じ）の家にもコンクリートの土間があった。私の家では、毎日のようにお茶殻や水を含ませた新聞紙をちぎって丸めてまき、埃や土埃が舞い上がらないように掃除していたくらいだから、ましてや味噌や塩を小売りしていたことがある橋本家で、土間を土砂まみれにしておくことはない。ではこの土砂はどこに由来したものなのか。

　藤雄の遺体には、土間の屋根からの落下物が下から順に「杉皮の小片・粘土・泥・瓦・トタン板」が乗っかっていた。したがって、藤雄が土間で出血してから放火され、火災の消火の放水で土間の屋根から落下した土砂が遺体の下に流れ込んだものであれば、血痕は37℃で8から12分で固まり、高温にさらされると5分で固まるので、土砂が流れ込んだ時にはコンクリートに付着して固まってしまうので、血痕は土砂の下から発見されることになり、血痕が土砂にまざって見つかることにならない。したがって、遺体の下の藤雄の血痕が土砂に混ざっていたということは、藤雄が土間で横たわる前に、すでに土間の上には3㎜の土砂があったことになる。

　この土砂が何に由来するのか。なお土間の奥の突き当りが裏木戸で、裏木戸に至る通路の左側に普段使われていないトイレとその奥側に薪置き場があって、右側に土蔵があった。藤雄の遺体は、薪置き場と土蔵に挟まれた場所から奥に横たわっていた。しかも火事の後の土蔵は石がむき出しになっていた。藤雄の遺体の下の土砂が土間の屋根に由来するものでないとなると、土蔵の石壁に塗られていた土壁が剥がれ落ちたものということになる。そんなことは、他の家族に確かめなくてもわかること。そうなると藤雄がここに置き去りになる前に、薪置場横の通路付近は放火されていて、放火の熱で土壁が剥がれ落ちたことになる。したがって、そもそも犯人が犯行後に裏木戸を逃走経路に使うことなど

できなかった。それにもかかわらず、袴田に裏木戸が逃走経路に使えたと供述させ、裏木戸が逃走に使えたという、「裏木戸の再現実験」の捜査報告書まで用意していた。

(5) 鴨居の炭化深度からいって、勉強部屋が扶示子の遺体のあった鴨居より先に放火され燃えていたにもかかわらず、無視して、事件のストーリーを「①ちゑ子と雅一郎、②扶示子、③藤雄の順に火をつけた」と供述させでっち上げた。

(6) 裁判で無実が確定した事件で、警察組織は、捜査は適正だったというばかり。警察の反省点は、過去の捜査で被疑者に有利な証拠は徹底して隠すに限るというもので、警察の頂点に立ついわゆるキャリア組は、警察組織をあげて、捜査能力をあげるために、事件の記録を再検証して、事件の分析能力を高める意志をこれまでに持っていたか、と言えば、それは持っていなかったと言わざるを得ない。持っていれば、その都度、率先して検証していたことだろう。しかし、警察署の頂点に立つキャリア組は、自分の担当中の不祥事は隠すに限ると、無視してやり過ごしてきたから、警察が捜査官の事件捜査の分析能力を高める機会を奪い続けてきた。

　いわゆるキャリア組は、試験の時により多く正確に記憶していたというだけで、ある時から組織のトップになり、チハホヤされて勘違いする。だから、警察組織で不祥事が起きると、自らが問題のありかを見つけ出し解決する能力のなさを隠すために、小さな問題であっても、警察官は法を順守しており、問題がないと、一つ一つやり過ごし、蓋をしてきた。こうしたキャリア組だから、改めて事件の分析をして、何が問題だったのか明らかにすることで、捜査員の捜査能力を高められるなんてことにも気づかない。記憶の良さは、判っている事実を関連付けて、物事を分析する能力に結びついておらず、自らにも分析する能力に自信がないから、改めて警察組織をあげて事件の分析をやろうなんて話がキャリア組から出たためしがない。ここに、捜査官の分析能力が低下しているとする原因の一つがあることは明らかだ。

(7) 分析能力がない警察はなにをしてきたかというと、被疑者の有罪を覆す恐れのある証拠はすべて表に出さないという決意で、証拠隠しをしてきた。そもそも、一点の曇りのない捜査をして、自信を持って起訴に持ち込んだというなら、何一つ隠す必要がない。それなのに隠している。隠すことで、警察の捜査の不備・不手際が表面化しないようにしているだけだ。そればかりか、袴田裁判では、証拠のねつ造を堂々とやってきた。こうした事例を物語る裁判が、「諏訪メモ」を隠して、被告に死刑や無期懲役を宣告させた松川事件の裁判だった。

(8) 捜査記録や証拠物の保管を警察・検察組織にゆだねているかぎり、証拠の隠ぺいだけでなく、証拠の捏造という犯罪を、警察・検察組織がしてしまう。

こうした公務員犯罪の誘惑にかられないようにする必要がある。警察・検察が収集した証拠や捜査記録のすべてを、県ごとに設置する「公文書館」で保管し、被疑者が起訴された時点で、被疑者ならびに弁護士側に公開すれば、警察・検察は真剣になって、事件の真相をまずは明らかにして、真犯人探しをすることになる。そうしなければ、手抜きの悪習を断ち切れず、警察官や検察官が分析能力を向上させることも期待できない。また、弁護士には事実を明らかにする証拠探しという余計な労力を減らして、公正な裁判を受ける被告の権利を保障し、控訴のやり合いで裁判を長引かせる税金の無駄遣いを減らして、冤罪を一つでも少なくできるというもの。

2. 袴田裁判で検察が果たした役割

(1) 検察官は、警察の捜査記録や証拠リストなどを見て、橋本家から包丁が無くなっていたこと、また、13ヶ所の血痕の血液型鑑定の存在を知り、さらに、現場の検証記録を読み込めば、鴨居の炭化度や腕時計などの時計が止まった時間の違いから、単独犯の放火では説明しきれないことも含め、放火の手順の違いは明らかになったはず。しかし、警察が袴田に認めさせた犯行内容をそのまま踏襲して袴田の供述調書を作成し、冒頭陳述で、袴田が「①ちゑ子と雅一郎、②扶示子、③藤雄の順に火をついけた」と主張した。ということは、袴田は警察で供述したから、それを踏襲すればいいと、検察官は検証記録を読む必要はないと読まずに無視したか、ざっと目を通すことはあっても、読んでも事件の真相を分析しなかったか、分析する能力がなく分析できず無視したことになる。

(2) 袴田巖を起訴して公判が開かれるまでに、「裏木戸の再現実験」の捜査報告書を警察に準備させていたと私には見える。起訴前に警察が再現実験をしたのであれば、警察単独の証拠の偽装になるが、公判前に、わざわざ捜査報告書を用意したのは、逃走経路として裏木戸から逃げることができたとする検察の主張を補強する必要があると、検察が認識していたから、袴田を有罪にする証拠として、警察と一緒に裏付け証拠としてでっち上げたことになる。

(3) 証拠を全面開示できないのは、そもそも検察官が自分の職務（起訴手続き）に自信が持てないことが根っこにある。自信をもって仕事をしているのであれば、捜査で得られた証拠のどこをほじくり返されても堂々と構えていられるわけで、それが出来ないから、少しでも起訴内容をひっくり返される恐れのある証拠は見せない姿勢を押し通している。刑事訴訟法のどこに証拠を開示しなくてもいいと書いてあるというのだ。確かに全証拠を開示しなければならない、とは明言していない。だからといって、自信を持てない仕事しかしないなら検察

官を止めてしまえばいい。もっとも、法律文書などの暗記しかしてこなかった人間に、知識を応用する生き方が出来るとは思えない。問題は、検察官を採用する方法に欠陥があることになる。何年間は、社会生活を経験した後に希望する人間を採用すれば、まだ応用のきく、つまりは分析するひらめきを備えた人間になろうというもの。

(4) どんな裁判であれ検察が証拠の全面開示をしない限り、罪の有無を抗弁する裏付け（証拠）を隠して、被告・被疑者の抗弁する権利や弁護士の弁護権を阻害して、不公正な状況で行われている裁判を、公正な裁判と言いくるめて、裁判の偽装を行っていることになる。そうでないというなら、検察は、自ら率先して、すべての裁判ですべての証拠を全面開示してくればよかったのに、それをしてこなかったのは事実。

(5) 1980年12月に袴田さんから葉書で「支援をよろしく」と依頼されていた私は、2009年1月〜2010年1月になってようやく「春田龍夫の検証調書」など裁判記録の再検討に取り組み、袴田裁判では、袴田さんの無実を示す証拠「現場から採取され警察官が領置した13箇所の血痕（血液型鑑定書）」が、検察官によって隠されていた事実を見つけ、静岡地検に対して領置されている13ヶ所の血痕の血液型の証拠開示請求をしたい旨、菊田弁護士に相談して、所属する弁護士会を通じて証拠開示請求をすることになり、2012年1月18日付け照会申出書（静岡地検に対する証拠開示請求書）をまとめた。この照会理由で、「昭和41年8月8日付春田龍夫の検証調書」に記載の犯行事実は、袴田巖が有罪にされた事実と異なっていて、無実を明らかにする証拠の一つが、領置された血痕だと明記して、静岡地検検事正あてに「刑事訴訟法第五三条」の規定に基づいて、証拠の開示請求をしたが、「照会申出書」には依頼人の欄がありそこを空欄にしておいたので、正規の依頼を袴田さんが出来ないことを見越して証拠開示請求を拒否してきた。

(6) つまり、静岡地検は、袴田裁判を担当する検事だけでなく、静岡地検を統括する検事正も含めて、袴田の無実を示す証拠の存在を支援者に指摘された上で、請求を拒否して来たことになり、検察は組織として「袴田巖の無実の事実」を突き付けられても、これまでの、検察の非を改めることをしなかった。

(7) そこで2012年5月25日、静岡地裁裁判長あてに、袴田さんから支援依頼を受けた葉書のコピーを添付して、静岡地検に「照会申出書」で証拠（血痕の血液型）の開示請求をしたが断ってきたので、資料の「一審から検察が隠した袴田巖の無実の証拠　現場から発見され領置された血痕の血液型」を付けて、裁判所から検察に証拠開示させるように要請した。証拠開示の要請には、静岡地裁は、直接は対応しませんでしたが、平成26（2014）年3月27日の「再審

開始」の決定で応えてくれた。それでも、検察は、高裁に即時抗告するという対応をとった。しかも、地検で担当した検事を東京高検に引きあげて担当させている。

(8) さらに2014年12月9日付「東京高等検察庁検事長　渡辺恵一さんに対する申入書」で、私たち（菊田と白砂）は、「2012年1月静岡地検の検事正あてに、弁護士の菊田幸一さんを申出人として弁護士会を介して「被害者宅で領置された血痕の血液型鑑定書」の証拠開示を請求したところ、のちに静岡地検は依頼者名がないことを理由に開示を拒否してきた。このことは、東京高検でも承知置きのはずですが、改めて、当時、証拠開示請求をした理由を示して、静岡地検が行った「再審開始決定に対する即時抗告」と東京高検の袴田裁判の再審開始を引き延ばす労作に理由がない」ことを伝えた。その後も2015年1月10日付の「東京高等検察庁検事長　ならびに　東京高等裁判所袴田裁判担当裁判長への手紙」で、「検察官から弁護士になった今は亡き安倍治夫さんは、検察官時代、検察の組織に在りながら、自分の人間としての判断で、吉田岩窟王事件の吉田さんや免田事件の免田さんに直接会って、過去の判決に瑕疵があると判断したから、冤罪を晴らす手助けをしたと聞き及んでいます。過去の判決に瑕疵があると判断して行動することも、とどのつまり検察官の自由であるはずです。でも、当時としては当然、検察の上司からは疎まれ北海道に左遷させられたという話ですが、これからの時代に、事実に基づいて判断し、そこから導き出される結論に従って正しい行動ができる人間性を、捜査官や検察官に期待するのは無理なのだろうか」としたためて、現在、自動的に証拠の全面開示をしないことで生じた裁判制度の瑕疵（無実の人間を死刑囚にすることがまかり通ってしまうという欠陥）を認めて、検察の立場から率先して再審開始を提案するよう促したがそれにも応じなかった。

(9) 全証拠を開示した上で、それでも犯人は袴田を示していると反論するならいざ知らず、それをかたくなに拒否していて、袴田が犯人でないことを知りながら、公判を維持するために「裏木戸が逃走経路に使えたという警察の再現実験」も、「5点の着衣」も十分火にあぶって熱をかけ血液鑑定が出来ないように検察官が率先して用意したから、「5点の着衣」から血痕のDNAがでるはずがないと思っているから、捏造された証拠からDNAが出るのはおかしいと主張し、要求した再鑑定で、弁護側のDNA鑑定つぶしにやっきになり、高裁の裁判官に検察の要求に同調させて、裁判の引き伸ばしと、捏造証拠の捏造隠しをする始末。

(10) おまけによく聞く話として、ある事件で捕まえた犯人に類似の他の犯行もしたことにして抱き合わせて起訴していることがあるという。そんなことをさ

れても、犯罪事実が全面的に開示されなければ、アリバイを証明できない被疑者は抗弁できないし、他人の罪を償わされ、真犯人は罪の償いを免れることになる。裁判でこんな現実がまかり通ってしまえば、判決に納得しないまま懲役に服す受刑者が増えるだけだし、心から悔いる人をわざわざ減らしているようなものだから、いつまでたっても再犯率が下がらないのもうなずける。こうした事態を出現させる原因の一つに、「全証拠の非開示」があるのだから、こんな裁判の茶番をいつまで許しておくのか、国民たる一人一人の成人の意識が問われている。

３．袴田裁判で裁判官が果たした役割

（1）袴田犯人説をとった裁判官の放火順序の認定は、「①ちゑ子と雅一郎、②扶示子、③藤雄の順に火をつけた」という検察官の主張に沿ったものだった。

（2）裁判官が全証拠に当たって事件の分析を行い、その上で判断する時間がないから、裁判で扱う証拠を選ぶということを行っている現状を見れば、証拠隠しや時には証拠の偽装・捏造をする警察や検察の裁判への対応を、裁判官が見抜けるとはとても思えない。そうでないというなら、そもそも公判の開始に際してすべての証拠を最初からまな板に乗せればいいだけなのに、現実にはそれをしていない。

（3）現場で採取された血痕の証拠を検察が、一審から最高裁まで開示しなかったから、かつて退職後に最高裁で裁判記録に目を通した人（調査官か？）にも「袴田裁判は黒だ」という印象（思い込み）を与えていたほど、検察官の証拠隠しは成功していた。残念ながら関わった弁護士も橋本家の検証調書に関心を払わなかった。問題は、この屋内で採取された血痕の血液型が、裁判において自動的に証拠の一つとして開示される制度の下で、この事件は単独犯行で従業員寮に一人でいたことをもって、袴田巖を犯人に仕立てられただろうか。否である。ところが、再審請求の審理中でもいまだに隠し続けている検察官に対して、地裁・高裁の裁判官は証拠の開示命令を行っていない。彼らに、とことん真実を追求する姿勢があれば、躊躇することなく証拠の開示命令を出せるはずだし、その権限が与えられているにもかかわらず、残念ながらそれをしていない。ということは、する意志がないと取られても、裁判官に反論する権利はない。

４．　袴田裁判で弁護士の果たした役割

（1）被告が無実を訴える事件では、弁護士は、検察官が持ち出した供述に基づ

く事件のストーリー（実は検察官が組み立てた事件のストーリーに合わせた自白調
書）と目の前にばら撒かれた証拠類（始めはパジャマとカッパの犯行着衣・切だ
しナイフ・持ち出された金袋・現金入り封筒・裏木戸の再現実験・１年後の５点の着
衣など）に目を奪われ、検察官の描いた事件のストーリーにそれらの証拠類が
合致しない事実や証拠を探そうと躍起になる。

(2) それによって、検察官が無視した事実や証拠が、実際の犯行結果に合致し
ない事実が発見される場合も確かにある。ところが、袴田裁判では、警察や検
察が思い描いた事件のストーリーに目を奪われ、実際の犯行がどのように行わ
れたのか、裁判官同様、弁護側も見落としてしまった。もし、裁判において、
最初にするべきことは、有罪であれ無罪であれ、どのような犯罪だったのか、
事実を確定することで、それに基づいて、被告の有罪無罪を争うという手法を
堅持していれば、裁判官であれ、弁護士であれ、「現場検証記録」や「目撃証言」
などに目を通して、この事件は、そもそもどんな犯行が行われていたのか調べ
ていて、検察がひた隠しにして表に出さなかった証拠の存在に気付けたことだ
ろう。しかし、実際に何が行われていたのか、事実を確定することが重要だと、
自覚していなかったから、検察官が触れないことで闇にしまわれた「現場で採
取され領置された血痕」などに、裁判官同様、弁護士も裁判の途中で気付くこ
とができなかった。

(3) 裁判官同様に弁護士も、検察の全証拠を開示しない対応がまかり通ってい
る現状では、警察・検察が出してくる限定された被疑者を有罪に見せる証拠だ
けに目を奪われる弁護士が多い中、事前に全証拠のリストを検察官が提出して、
チェックする機会が提供されていない現状では、事件の真相を明らかにして、
被疑者に有利な証拠も加味して弁護する機会が奪われており、なおかつ全証拠
を明らかにしていない検察の控訴を認めていることは、裁判をいたずらに長引
かせて、時間の浪費と税金の無駄遣いだけでなく、検察官が、事件の分析をき
ちんとして起訴するという姿勢さえ奪って、検察が不利になると控訴してやり
過ごすという職務姿勢さえ生んでいる。

5. 証拠隠し（全証拠の非開示）がもたらしているもの

　事件が発生し、犯人が逃走した場合、警察や検察の捜査は往々にして、その事
件で、現場で見つかった犯行の手がかりが10点あったとしても、目につく証拠
を拾い読みして事件像を描き、短時間に素早く犯人捜査に当たるのが得策とでも
いうのか、そもそも被疑者（犯人らしき人間）を見つけさえすれば、後は自白に
追い込み、それに合わせた証拠を取り揃えるからいいという流れで行われている。

こうした捜査手法で、事件後、アリバイを確定できない真犯人ではない人を逮捕した場合、本人は犯行を体験していないし、犯行の細部にわたる情報を開示されていないから、犯罪事実との関連で無実を証明して反論する根拠をもっていない。だから余計にアリバイを主張するが、もともと何か月前や何年も前のアリバイだったりする訳で証明のしようがない。そこで、取り調べ側は、アリバイがないことを根拠に「犯人を見た人がお前に似ている」などと言って被疑者を追い込んで供述を取り、それに合わせた証拠を揃え、裁判で争うという捜査手法を取ることになる。だから、取り調べの全面可視化などとんでもないと強硬に反対してきた。

　そもそも警察・検察は当初から初動捜査と同時並行で10点の証拠に基づいた厳密な分析を行い、事件の真相を明らかにしながら犯人捜査に当っていれば、世田谷一家4人殺害事件のように、事件後十数年たってから、どうも犯人の逃走時間が違っていたようだなどというようなことを言わないですむ。しかも、事件直後ならいざ知らず十数年たってから、犯人の逃走時間が違っていたようだからと、当時のその時間帯を改めて捜査しても、素人目にも、事件当初なら捕まえられた犯人を捕まえるのは至難の業。

　これまでの捜査は、わざわざ犯人を捕り逃がすためにやっていたとしか映らない。当初から、全証拠を厳密に分析する努力を惜しんでいなければ、このような体たらくを曝さないですむし、捜査も進展していたというべきだろう。

　どうしてこんなことが起きてしまうのかといえば、捜査段階からの証拠と捜査資料の全リストを被告・弁護側に開示して、裁判でも求められた証拠はすべて開示するのが「あたりまえ」になっていないからだ。これがもし法律に基づいて、自動的にすべての証拠を開示するのが「あたりまえ」になっていれば、警察でも捜査に携わる人間に、全証拠に基づいた捜査をする以外にないという緊張感が生まれる。

　しかも、すべての証拠をないがしろにできなくなるので、捜査手法も証拠に基づく捜査に重点を置くことになるので、自白偏重の捜査手法が改善され、真犯人以外の人間を被疑者として安易に取り調べるという無駄な捜査を減らし、真犯人逮捕の近道になること請け合いなのだ。

　しかし、現実は、目につく例えば2分の1の証拠を拾い読みした分析で犯行像を導き出して捜査を続けるため、証拠の分析で必要とされる能力の半分しか発揮しないことになっている。現状の捜査機関は、こんな安易な、楽な（手抜きともとれる）捜査を続けて済ましているといっても過言ではない。

　こうした証拠の分析で、必要とされる能力の半分しか発揮しないことを繰り返しているから、捜査員自らが事件の分析能力を向上させる機会をみすみす失わせ、

捜査能力は低下の一途を辿ることになる。だから、ベテラン刑事が引退すると、ますます捜査能力の継承ができていない、たいへんだ、となる。

　しかも、事件の分析能力の低下が捜査能力の低下を招くだけでなく、このような捜査を繰り返し、しかもすべての証拠を開示しなくてもよい仕組みに「守られて」いるから、鑑識にとって洗いざらい証拠を集めても必要がなくなる、鑑識にとっては「無駄な労力になる」となると、鑑識活動においては細かな証拠の存在を軽視して、犯行現場に遺留された証拠を根こそぎ見つけ出すという緊張感を鑑識活動から失わせ、鑑識が鑑識能力を向上させることが必要なくなり、鑑識能力が低いのは鑑識器具や機械が能力不足だからだと言い訳することになる。

　さらに、鑑識能力の欠如は、捜査員の証拠の分析能力をさらに低下させるという悪循環を生んでいる。その結果、捜査能力に自信が持てないから町中に監視カメラを巡らせ、ビデオの映像を頼りにする。そうなると次に、ビデオに映らないで現行犯逮捕できないのは、監視カメラがついていないから、と監視カメラのセイにされていく。

　証拠のすべてを開示しなくてもよいと、権限を持ったと勝手に思い込んでいる（法律で保障されているわけではない）検察官のもとでは、時として真犯人以外の人を被疑者にして起訴することも起きている。この時も検察官は、被疑者を有罪に持ち込める（有罪に見せる）証拠だけを開示して、残りは法廷に持ち出すと無実を窺わせる証拠になりかねない場合は、特に、証拠として持ち出さなくてもよいと、かってに検察官は決め込んでいる。

　おまけに捜査官は、被疑者を犯人に見立てるのに必要な証拠に加えて、時には被疑者やその関係者の弱みにつけ込んで、あの手この手の脅し文句を並べて、供述調書を作り検察に送致する。検察官も警察の取り調べに便乗して、目撃などの供述を取るのに、もっともらしく話を合成して調書に仕立てるようなことまでしている。そして、要求されたとしても他の証拠は、検察官の気分次第で、裁判で弁護側に開示しなくてもよいとしている。そんな規定は、刑事訴訟法のどこにも示されていないにもかかわらず、まさに無法状態になっていることをいいことに、検察官の自由裁量だと、現在の日本の裁判制度のもとで検察のやりたい放題。

　これに対して、捜査で得られたすべての証拠は、被告人や、弁護士・裁判官や裁判員の求めに応じて、「速やかに検察官は開示すること」が、罰則規定を伴って「刑事訴訟法」で決められていれば、証拠を隠したり、有罪を偽装する証拠を集めて裁判することができなくなるので、検察官が、被疑者を捕まえても、自白が取れない場合や証拠が弱い場合は、被疑者につながる関係者から目撃証言などの供述を作り話で強引に合成して調書に仕立てるなどの不法行為はしなくなるだろう。

また、それだけでは証拠が足りないとなると、検察官が想像した事件のストーリーに合致する証拠を、手っ取り早く捏造して事件化して裁判に持ち込むという「厚生省の村木裁判がまさにそれにあたる」、検察官の犯罪まで防止する効果も期待できるから、検察官が裁かれることもなくなる。

証拠の全面開示の利点は、証拠を隠せないことで、すべての証拠をきちんと分析せざるおえなくなり、証拠に基づいた犯人捜査の原則が生まれ、いたずらに真犯人以外の被疑者を捕まえる余計な捜査の手間を減らすことができるので、冤罪を生む要因を減らし、事件の虚構によらない事実に基づいた真正面からの捜査で真犯人を追いかけることができるようになる。

6. 人権からみた袴田裁判

現場検証で明らかになる血痕の血液型が語る被害者の室内での動きに照らせば、藤雄の血痕が八畳間の中央の寝具に浸み込んでいたこと、また他の血痕の血液型をたどれば遺体で見つかる以前の他の家族の室内での足取りが判明して、応接間のテーブルには「8個のアイスクリームの紙ぶた」が、また応接間の三角コーナーに置かれたテレビ台の上のテレビは、部屋の一方の仕切り戸に背中を押し付けられた状態で見つかっている。

このことからも、応接間にいた複数の訪問者が、犯行を始めたのが応接間だったこと、金品が奪われた形跡が結局はなかったこと、家族4人への40数か所に及ぶ執拗な刺し傷は単なる殺人を目的にしたものではないことからも、この犯行が犯行グループの根深い逆恨みを買ったものである可能性を鑑みて、一家の内、誰かがそうした逆恨みを受けるようなことがあったのかなかったのか、事件までの家族の日頃の行動を捜査していれば真犯人に辿り着けたことだろう。

それなのに、証拠に基づいた犯人捜査をしないで、証拠を無視した捜査で単独犯の犯行だと決めつけて無実の人間を犯人視して逮捕し、長時間の取り調べで自白を強要し、捏造された供述内容に沿って証拠を捏造した当時の清水署の署長以下捜査に当たった捜査官や地検の検察官は、公務員としての罪を犯したと指弾されることなく退職して年金生活を送っている。

しかも、再審を担当している検察官は、刑事訴訟法五三条に基づいて請求した証拠の開示に応じようともしないで、犯行の証拠でもない（袴田さんを犯人に仕立てるための警察のでっち上げの証拠）衣類に付着させた血痕は年数が経つとDNA鑑定などできない可能性が出てきたから再鑑定させろと東京高裁に控訴して駄々をこね、検察の要求に同調した高裁の裁判長はこれに応じる始末。同様の「無実の証拠隠し」は過去に松川裁判でも行われ、被告の一人が東芝の労使交渉に出

席していたことを示す「諏訪メモ」（会社側の人間が書いた）を隠していた。

　これに対して袴田巖は、犯行現場の証拠を隠された上、犯人にされ、48 年に及ぶ拘禁生活を強いられ、死刑囚として収監されてからは「今日、死刑にされるかもしれない」と思わされる毎日の恐怖の緊張感を過ごす中、心の平穏を奪われ、現実逃避せざるを得ない精神世界に追い込まれ、両親と兄弟や息子との 57 年（2023 年現在）に及ぶ平穏な生活を奪われた現実は、現行の「検察が証拠の全面開示をしなくてもよいという慣習に基づいた裁判制度」が引き起こしている『重大な人権侵害』で、この「裁判のやり方（進め方）」は、国民の人権を侵害して憲法違反を引き起こしている。

　ちなみに血液型は、藤雄はＡ型、ちゑ子はＢ型、扶示子はＯ型、雅一朗はＡＢ型だったので、現場で採取された血痕の血液型を最初から開示する制度の下では、袴田の供述通りに犯行がなされたものでないことの裏付けになって弁護士も袴田の無実を明らかにできたはずだし、そもそも、警察や検察も、袴田を犯人として起訴するようなことはしなかっただろう。

7．証拠の全面開示を求める二つの方法

　被疑者の抗弁権を保証し、極力冤罪をなくし、捜査官の捜査能力を高め、警察官や検察官が証拠の偽装という犯罪に手を染めず、真犯人を極力捕り逃さないようにするために、「証拠の全面開示」を義務化するには二つの方法があると私たちは考える。一つは、検察の「全証拠の非開示」が『重大な人権侵害』を引き起こしているとして、現状の裁判制度を憲法違反だとして、最高裁に訴え、検察の証拠の全面開示を義務化させるという方法。

　もう一つは、国会議員が「議員立法」で、「刑事訴訟法」やそれに関連する法律で、どんな裁判でも「証拠の全面開示」を義務化すること。また証拠の全面開示もしないでぬけぬけと地裁で出た再審決定にいちゃもんをつけて抗告してきたこれまでの検察の態度に鑑みて、「刑事訴訟法」で検察に証拠の全面開示を義務化させることを明文化し、また再審請求に対しても事前に証拠の全面開示を行わせることと、さらに地裁の再審開始決定に対して検察の抗告権は認めないこと、これまでの「名張毒ぶどう酒事件」の過去の覆った再審決定では、速やかに証拠の全面開示を行わせ再審を開くことなどを、法律で義務付けることを明文化するという提案です。

8．「刑事訴訟法」ならびに「公文書関連法」「再審」「国家賠償法」に関する立法を

どんな証拠も隠蔽しないで公判をすすめるのが、本来の検察官の公正な法律的な立ち位置であるはずなのに、これが検察当事者に守られていないことから「刑事訴訟法」を改定して、警察や検察の段階で、捜査資料も含めすべての証拠のリストを作成して裁判で公開し、被告・弁護士の求めに応じて開示することを義務づけること。

　そして、検察官がそれに従わず証拠隠しが発覚した場合、公務員法違反に当たるとして、法律家の資格を停止するなどの罰則を設けること。警察の捜査が終了した時点で、すべての捜査資料や証拠物のコピーを、各県ごとに設ける「公文書館」で保管し、事件が起訴された時点で、弁護士ならびに被疑者とその関係者には、すべての記録を閲覧できる権利を認める、

　「公文書館」ができるまでは、各県の図書館に別棟を設けるなどして、すべての捜査資料や証拠物の電子コピーを保管する。それができるまでは、過去の裁判においても、現在進行している裁判においても、警察・検察は、これまでのすべての裁判におけるすべての証拠のリストを作成し、公開すること。その上で、事件関係者や弁護士の求めがあれば、それに応じて捜査資料などすべての証拠を開示しなければならないと、法律に明記し、公開は要求があった時点で認めることとする。

　これまでの刑事訴訟法の規定は、被疑者ならびに被告人が、警察・検察の捜査や起訴に反論して抗弁する権利、ならびに弁護人の弁護する権利を保証（確保）してきたのか、また検察官の現在の職務のあり方に自浄作用を全面的に期待できるのか鑑みたとき期待できない以上、裁判官・検察官の職務に刑事訴訟法上の縛りを設けること。

　今後、証拠に基づく捜査・起訴・裁判が行われて、いたずらに、冤罪による被害者を出さないためにも、冤罪を訴える刑の確定者の再審を早期に決着させるためにも、検察官や裁判官は、すべての捜査記録（事件現場の記録、捜査に関連した供述調書）や証拠物のリストを被告ならびに弁護人に開示した上で、請求されれば公開する義務を負うこと。また、再審においては、検察官の控訴はこれを認めない、などを明文化する。

　したがって、刑事訴訟法などの法律の規定を別記第4章の通り改定するよう提案する。
　　　　　　　　　　　　　　　　　　　　　　　　　　　　　　　　　　以上

2019年3月31日

　　　　　　　　　　　　　　　　　　　　　　　　弁護士　菊田 幸一
　　　　　　　　　　　　袴田巖さん支援者（文責）　白砂　巖

4章 「刑事訴訟法」ならびに「公文書関連法」「再審」「国家賠償法」に関する提案

袴田巖さん支援者（文責）　　白砂　巖

　いわゆる日本の法律家は、法文や法令を学び、記憶できた者が司法試験に合格してきたのだろう。しかし、このことは、裁判官や検察官や弁護士たちが、あらゆる事象に対する分析能力を持っていることを意味していない。このことは、「袴田裁判」の分析を通して、「袴田裁判と裁判制度」で指摘した通りだ。

　つまり、いわゆる犯罪行為や事件の分析において、決して、彼らが全能でもなく、しかも、現在の「裁判員裁判」においては、証拠の事前協議によって、裁判で「すべての証拠」をまな板に載せて議論し、分析して判断する訳ではなく、警察や検察が描いた事件像に対して、検察が提出した証拠だけを見て、有罪か無罪かを判断しているだけで、これは実際の事件で起きた現象に基づいて、それぞれの事件において何が行われたのか判断したことを意味していない。

　松川事件（実際は事故か労働組合つぶしの謀略か明らかではないが、この列車転覆が労働組合つぶしの謀略に使われたことは確か）では、弁護側が請求した証拠開示の資料の中に、死刑囚にされた佐藤一さんが、謀略を計画した会合の日に、労使交渉の席に出席していたことを示す企業側の出席者のメモ「諏訪メモ」が紛れ込んでいた。このメモの存在からそんな謀略計画がなかったことを検察官は知りながら、他の被疑者に自白を強要し、それらの供述調書によって、多数の人が、死刑や無期懲役の判決を受けた。だが、作家の広津和郎さんの裁判批判の活動の中で、確かこの「諏訪メモ」が発見され、これを契機に全員の無罪が確定した。

　つまり、松川事件で作成された供述調書は、すべて警察や検察の取調官が思い描いた事件像を調書に書き込み、これに被疑者に署名させた調書である。当時の保守政権と歩調をあわせた検察が、労働組合活動家を抑え込むために仕組んで、無実の者たちを無理やり犯罪者に仕立てて、犯行を認める供述を引き出し、起訴された事件で、裁判の中で裁判官もこの謀略に乗って有罪判決を出したか、それとも、まんまと騙されて有罪判決を出した。単なる「無能」ということになる。

　また、島田事件においても、犯人でない赤堀政夫さんに、警察官や検察官が作成した調書に署名させ、供述調書が作られた。そこには、赤堀政夫さんが知る由もない、事件後に改定された大井川にかかる蓬莱橋（地域住民が管理し、橋銭をとる島田市と茶畑の牧の原を結ぶ橋）の橋銭を自供したとされた。

無罪の決めては、島田署の捜査官が、おそらく事件現場周辺で拾ってきた石を、犯行に使われた凶器だとされたが、この石では、被害者の胸（肋骨の内側）の傷はできないという鑑定書が決めてとなり、無罪が確定した。赤堀さんが供述した蓬莱橋の橋銭が、事件当時のもの「往復5円・片道3円」ではなく、事件後の4月から値上げされた「往復10円・片道5円」の供述を認めさせられ、警察官や検察官が創作した筋書を、無理やり認めさせられた調書だった。

　さらには、「土田・日石・ピース缶事件」では、被疑者にされた一人が、犯行したとされる日、銀行に行っていた記録が見つかり、リレー式の犯行が途切れることになり、取調官が思い描いた犯行ストーリーに近づけた供述を、他の被疑者から引き出した調書の犯行が成立しなくなり、結果、すべての事件で全員の無実が確定したなど、実際に、これまで犯人ではないのに、被疑者にされた自分や他人の供述で、死刑や無期懲役にされた事件は、私のいま確認できる無罪が確定した事件では3件だが、他にも洗い出せばごろごろでてくるだろう。

　また、ある無期懲役の事件では、2年後に作成された調書で、犯行日、犯行に使った証拠の品を預かってくれと訪ねてきたという知人の供述で犯人にされた者がいる。

　ところが、調べてみると、犯行現場には返り血が床に1ヶ所、壁に1か所付着していて、床に付着していた血痕などは、ある部分から先、三角に切れ込みがあり、返り血が付着していなかった。この部分に、犯人の左足の靴から膝下くらいまで突き出ていたから、血痕などの付着が床になかったことになり、当然、被疑者にされた人の左の靴や膝下のズボンには返り血が付着しており、赤く染まっていたはずなのに、その事実は調書にはない。

　さらには、被害者が見つかった下の階の間にある踊り場には、拳銃で撃たれて2ヶ所穴があき、1か所は空洞で、もう一方から出血していて、仰向けにされた被害者の頭の上に当たる床に7ヶ所の血痕と頭から肩の下の床に流れ出た血液、おまけに踊り場に降りる階段の壁に掌大の血痕が一つ、被害者が見つかった踊り場から下の階段の壁にも掌大の血痕の複数の付着があった。

　踊り場に下る最初の階段の壁の血痕は、犯行現場が消防署の救急隊員の足跡で汚されていなかったことからも、救急隊員がつけようのない血痕で、しかも、被害者の頭にあいた穴の向きは、顎から下の方を向いており、被害者が踊り場に寝かされてから、頭の上の床に血痕が飛び散ることはない。そうなると7か所の血痕は、被害者が踊り場に寝かされる前に飛び散っていたことになり、犯行現場や階段に飛び散った血痕が見られず、階段の壁に1か所掌大の血痕が付着していたのは、犯人がたまたまにしろ、被害者の傷口を抑えて踊り場まで移動させたことを物語っている。

　つまり、この事件を起こした犯人は、片方の掌を被害者の血液で真っ赤に染め

ていたことになり、移動の途中、被害者の銃であいた片方の穴をおさえて血に染まり、バランスを崩して血に染まった手を壁についたから、壁に血痕が付着したことになる。したがって、踊り場から下の壁についた血痕も犯人の掌が壁に触って付着したものであるにもかかわらず、裁判官は、階段の壁の血痕は、消防署の救急隊員がつけたものとしてかってに除外した。

　少なくとも犯人の片方の掌は、血で染まっていて、タオルで拭いても、手のしわや指紋の溝には血液が残ったままになる。ところが、知人は、家に来た被疑者に水入りのペットボトルを渡したという。犯行から２年たつと、片方の靴や膝下に付いた返り血も掌の血痕も、跡形もなく消えている調書を、検察官がまとめて、被疑者の知人に署名させた調書で、被疑者は犯人にされた。

　袴田裁判でも見てきたように、従来の警察官や検察官が、犯人視した袴田が犯行を認める供述をするまで追い込んで、それで引き出した供述をまとめた文章に署名させた調書は、捜査官の意図が文章に恣意的というだけでなく、故意に盛り込まれている。袴田裁判で見てきたと同じことが、現代の交通捜査や事件捜査で行われており、そうした調書が前面に押し出され、犯人視されるから、時として、実際の事件で、何がどう行われたのかをまず調べたうえで、被疑者にされた人が、犯人かどうかという真相の追及をしないまま裁判のやり取りが行われている。

　そして、裁判所はそれを見抜けず死刑や無期懲役の実刑を言い渡してきた。

　要は、事件が起きて、捜査で認知された事象を、警察や検察は隅から隅まで分析していないし、裁判官や弁護士も時として時間に追われている現実があり、法律家と呼ばれる彼らに一任されたこれまでのすべての裁判についても、裁判の判決に疑念を抱く国民が、率先して裁判の検証をする仕組み作りが必要だ。袴田裁判は、このことを象徴的に物語っている。

　したがって、刑事訴訟法の証拠の扱いや、元被告人（受刑者）や遺族だけでなく、刑を執行されて亡くなった受刑者には、疑念を抱く国民の一人が代表して訴訟代理人になって、主任弁護人を選任し、再審請求の準備段階から再審請求をするまでの手順を明確にし、再審を開始する理由も明確に規定しなければならない。また、再審における検察の抗告は廃止して、速やかに再審裁判を開き、有罪にした判決が間違いでないかどうかを判断するのが、すべての関係者にとって時間の浪費と税金の無駄使いを防げるというもの。

第１　証拠開示と再審に関する緊急の法改正

１．証拠開示の規定

「刑事訴訟法」第一編総則第四〇条〔弁護人の書類・証拠物の閲覧謄写〕及び、総則第四九条〔被告人の公判調書閲覧権〕及び、総則第五三条〔訴訟記録の閲覧〕に関する検察官の職責と証拠の開示に関するすべての規定と、〔第二節　争点及び証拠の整理手続　第一款　公判前整理手続　第三目　証拠開示に関する裁定〕の第三一六条の二五から二七の裁定をすべて停止し、事件を担当する警察・検察は、直ちに、事件記録のリストをコピーして、被疑者・受刑者、ならびに担当弁護士、および被疑者・受刑者が亡くなっている場合は、その遺族か支援者に送付しなければならない。その上で、事件関係者は、事件記録のリストと現物の書類や証拠物にもれや証拠隠しがないか、事件関係者の都合で検査に入ることができる。検察は、事件関係者が突然査察に、警察や検察に赴いても拒否することができない。なお、警察や検察がリストの作成を怠っていたときは、次の書式案に基づいてリストを作成しなければならない。

警察・検察が作成する事件記録の全リストの書式案

①　表題「〇〇事件の捜査記録並びに証拠の全リスト」

②　事件発生（発覚）年月日・発生時間並びに場所など

③　書式案

番号	事件記録の名称	作成年月日	作成者氏名	記録録画の DVD・BR の頁
1	捜査記録	作成年月日	作成者氏名	〇〇〜〇〇
2	捜査に関する個人のメモ		作成者氏名	〇〇〜〇〇
3	証拠物の鑑定書	作成年月日	鑑定人氏名	〇〇〜〇〇
4	供述調書	作成年月日	供述者氏名	〇〇〜〇〇

④　リスト作成完了年月日・時間

⑤　記録の一つ一つに番号をつける。

⑥　供述調書は作成年月日と取り調べの録画 DVD ないし BR を添付する。

⑦　デジタル写真は、撮影時のナンバーがそのまま表示さされるデータのまま保存する。ピンボケであろうと、後から削除をした場合、公文書類の偽造と証拠の破棄と見なす。

⑧　最後に「以上」をつける。

⑨　リスト作成者全員の署名・捺印

⑩　直属の管理職の署名・捺印。

⑪　警察署長の署名・捺印。

第三一六条の二六の二　以上の規定に司法警察員が違反した場合の懲罰について

⑫　証拠のリストに記載漏れを生じさせた場合

　　職務怠慢により減給一か月の上、以後、当該の事件の担当から外される。

⑬　証拠のリストから証拠を隠蔽し、発覚した場合

停職3か月、以後、事件の捜査に1年間携われない。

直属の上司や警察署長は、3割の減給を3か月。

⑭　証拠のリストから証拠を破棄したり、捏造した証拠を加えたりしたことが発覚した場合

　免職とし、公務員法違反によって、裁判で1年間の実刑判決を受け収監される。

直属の上司や警察署長は、3割の減給を6か月。

第三一六条の二六の三　司法警察員が、被疑事件で最初の被疑者が起訴されて無罪になったあと、別の被疑者を起訴した時、最初の裁判で開示された証拠のリストに記載のない被疑事実を語る証拠があっても証拠として認められない。この司法警察員の行為は、公文書の偽装にあたり、担当弁護人は、特別検察官となって、担当検事ならびに上司の管理職や警察署長を起訴しなければならない。この弁護人が警察の関係者を起訴しなかったことが判明した時は、不正隠避により新たな弁護人によって起訴される。

第三一六条の二六の四　弁護人は補佐人を伴い警察署に赴き、作成された事件記録のリストに基づいて、保全された事件記録をチェックすることができる。警察は、担当弁護人とその補佐人から事件記録のチェックを要求された場合、捜査官立会いの下、直ちに応じなければならない。

第三一六条の二六の五　被疑者を誤認逮捕し取り調べを行った時、釈放時にその理由と根拠を公表しないで、被疑者が職を解雇された場合、当該の警察署ならびに検察庁は、自らの予算の中で、元被疑者が原職に復帰するか、新たな就職先を得るまで、休業補償金を出さなければならない。

2．死刑を50年間停止する。

　この間、すべての事件（過去の事件も含め）において、被告・弁護士に限らず一般国民からの要求があれば、裁判に出されていない証拠も含めて事件記録や証拠のリストを開示し、記録の閲覧・複写は、支援者を含め事件関係者の要求があり次第すみやかに認めること。もし、この証拠の開示で、証拠隠しや破棄をした検察官・警察官はその上司に至るまで公務違法違反として免職処分にする、また、免職処分を免れようとして処分前に辞職しても、退職金は50％没収とする。

3．再審に関しての規定

1. 当事者ならびに遺族・支援者と弁護士が、再審請求の意志を裁判所に届け出た時、検察は直ちに、当該事件の全捜査記録や証拠物を開示しなければならない。
2. 再審開始決定が地裁において出された場合、直ちに再審を開始するものとする。なお、検察官の抗告権はこれを認めない。

理由は　これまでの裁判で、捜査記録や証拠物の全てを開示してこなかったから。

3. 本決定は本会議で決定されれば直ちに施行する。

第2　刑事訴訟法や公文書関連法、再審に関する立法、国家賠償法などの改定

　刑事訴訟法や公文書関連法、再審に関する立法、国家賠償法などを、本書の提案に基づいて改定することを求める。目的は、刑事訴訟法を含め、警察・検察の裁判に関わる法律改定は、捜査官や検察官が犯罪に手を染めなくてもすむようにする意図のもとに、以下 1.2.3.4.5. の項目を立案した。

１. 取り調べと供述調書に関する規定（刑事訴訟法に追加する）

第１条　被疑者や被疑者以外の関係者の証言の聴取においても、この法律が執行されて以降、供述調書は、本人の自筆の調書か、取り調べの録画を文章にしたもの以外は、本人の供述調書として認めない。

第２条　すべての調書作成に至る取り調べ期間のすべての録画を添付しない調書は、供述調書と認めない。取り調べ時間は、午前９時から午後５時までとし、１時間ごとに 10 分の休憩と昼食時間は、昼０時から午後１時まで確保し、その間も録画を止めないこと。なお、トイレと水分補給の要求には直ちに応じること。それをしないで取り調べを続けると、被疑者を身体的に拘束したと認め、その日の供述は、証拠から排除する。

第３条　事件関係者に事情聴取や取り調べをした場合、担当警察署ならびに検察庁は、１時間未満に拘束した場合、半日分の補償として６千円とタクシー代の交通費、１時間を越えて拘束した場合、１日分 1.2 万円とタクシー代の交通費をそれぞれの捜査費の中から支払うものとする。

第４条　被疑者として誤認逮捕して拘束した場合は、逮捕から釈放までの日時×1.2 万円を、警察・検察が関わった分を、それぞれの捜査費の中から支払うものとし、企業は、当該被疑者を現職復帰させなければならない。なお、被疑者が失職した場合、政府は失職期間の休業補償をしなければならない。

　以上の規定は、捜査関係者が、恣意的に事件を膨らませる供述を取り、それに合わせて偽装した証拠の捏造に手を染める犯罪を防止する効果を期待するためのものでもある。

２. 公文書館が設立され、すべての公文書が保管され、公開されるまでの

刑事訴訟法における司法警察員と検察官の職責と「証拠開示」の規定

　「刑事訴訟法」第一編総則第四〇条〔弁護人の書類・証拠物の閲覧謄写〕及び、総則第四九条〔被告人の公判調書閲覧権〕及び、総則第五三条〔訴訟記録の閲覧〕に関する検察官の職責と証拠の開示に関するすべての規定と、〔第二節　争点及び証拠の整理手続　第一款　公判前整理手続　第三目　証拠開示に関する裁定〕の第三一六条の二五から二七の裁定をすべて廃止し、改めて、次のように定める。

　なお、新たな規定は「裁判員の参加する刑事裁判に関する法律」の第五〇条・第五一条の規定に追加されるものとする。

総則第一八〇条〔当事者の書類・証拠物閲覧謄写権〕

検察官及び弁護人は、裁判所において、前条第一項の処分に関する書類及び証拠物を閲覧し、且つ謄写することができる。また、弁護人が証拠物の謄写をするについて、裁判官は速やかに許可するものとする。

被告人又は被疑者は、被告人又は被疑者に弁護人があっても、前項の書類及び証拠物を閲覧することができる。

刑事訴訟法　第二四六条〔司法警察員の事件送致〕

司法警察員は、犯罪の捜査をしたときは、速やかに捜査記録や各種鑑定書・すべての供述調書と取り調べ時の録画データを記録した DVD か BR で、付随する書類を含め、全リストを作成した上で、検察官に送致しなければならない。なお、このリストから除外された証拠はのちの裁判で証拠として採用されない。

警察や検察が、当該事件の全記録のリストを、担当弁護人から請求された場合、１週間以内に、被疑者や元被告の弁護人に送付しなかった場合は、弁護人は、補佐人を伴って、当該の警察署や検察庁に赴き、当該事件の全記録を公開させ、全リストの作成と全記録の複写データをデジタルデータとして複写することができる。

第二節　争点及び証拠の整理手続　第一款　公判前整理手続

第三目　証拠開示に関する裁定

第三一六条の二五　司法警察員ならびに検察官は、すべての刑事事件において、被疑者を取り調べる段階で被疑者ならびに弁護人に、被疑事実の証拠になる捜査記録や証拠物を開示しなければならない。また、被疑者を起訴後、検察官は、被告事件の捜査記録を含めた事件記録の全リストを開示し、開示した証拠のリストに記載のない証拠は、証拠の隠ぺいに当たり、以後、すべて証拠価値を失い、二審以降も証拠として反証に使えない。

第三一六条の二七の一　**警察・検察が作成する事件記録の全リストの書式案**

表題「〇〇事件の捜査記録並びに証拠の全リスト」

①　事件発生（発覚）年月日・発生時間並びに場所など

② 書式案

番号	事件記録の名称	作成年月日	作成者氏名	記録録画の DVD・BR の頁
1	捜査記録	作成年月日	作成者氏名	○○～○○
2	捜査に関する個人のメモ		作成者氏名	○○～○○
3	証拠物の鑑定書	作成年月日	鑑定人氏名	○○～○○
4	供述調書	作成年月日	供述者氏名	○○～○○

③ 記録の一つ一つに番号をつける。

④ 供述調書は供述者の氏名・作成年月日と取り調べの録画 DVD ないし BR を添付する。

⑤ フィルム写真は、フィルムで保存する。

⑥ デジタル写真は、撮影時のナンバーがそのまま表示さされるデータのまま保存する。ピンボケであろうと、後から削除をした場合、公文書類の偽造と証拠の破棄と見なす。

⑦ 最後に「以上」をつける。

⑧ リスト作成者全員の署名・捺印

⑨ 直属の管理職の署名・捺印。

⑩ 地検・高検などの検事正の署名・捺印。

第三一六条の二七の二　以上の規定に検察官が違反した場合の懲罰について

⑪ 証拠のリストに記載漏れを生じさせた場合

職務怠慢により減給一か月の上、以後、当該の事件の担当から外される。

⑫ 証拠のリストから証拠を隠蔽し、発覚した場合

停職3か月、以後、担当検事として事件に1年間携われない。

直属の上司や検事正は、3割の減給を3か月。

⑬ 証拠のリストから証拠を破棄したり、捏造した証拠を加えたりしたことが発覚した場合

免職とし、公務員法違反によって、裁判で1年間の実刑判決を受け収監される。

直属の上司や検事正は、3割の減給を6か月。

第三一六条の二七の三　停職や免職処分は戸籍に記載するものとする。実刑判決で収監された元検事は、弁護士登録はできない。なお、検察官が辞職後、弁護士登録を希望する場合、戸籍を提示しなければならず、この時、停職以上の処分を受けた検察官は、停職期間の倍の期間、弁護士登録は認められないものとする。

第三一六条の二七の四　弁護人は補佐人を伴い警察署や検察庁に赴き、作成された事件記録のリストに基づいて、保全された事件記録をチェックすることができる。警察は、担当弁護人とその補佐人から事件記録のチェックを要求された

場合、捜査官立会いの下、直ちに応じなければならない。

第三一六条の二七の五　現在、係争中の裁判においては、警察官・検察官は速やかに全事件記録のリストを開示し、そのリストに基づいて被告・弁護人から記録の開示を求められた場合、直ちに当該警察官・検察官は、証拠物などの事件記録を開示しなければならない。

第三一六条の二七の六　検察官が、被疑事件で最初の被疑者が起訴され無罪になったあと、別の被疑者を起訴した時、最初の裁判で開示された証拠のリストに記載のない被疑事実を語る証拠があっても証拠として認められない。この検察官の行為は、公文書の偽装にあたり、担当弁護人は、特別検察官となって、担当検事ならびに上司の検察官や検事正を起訴しなければならない。

第三一六条の二七の七　無期懲役や死刑判決を受けた事件は、50年間の保存が決まっており、当該地方検察庁は、該当する全事件の捜査記録・現場の検証調書・鑑定書・写真（フィルムかデジタルデータ）とすべての供述調書を含め、各事件の全記録のリストを、直ちに作成しなければならない。同時にすべての記録の複写データを作成し、DVDやBRに複写しなければならない。

第三一六条の二七の八　再審準備のため事件記録の閲覧の請求があった場合、請求者に複写データと全資料のリストをコピーして開示し、証拠物などの閲覧に応じなければならない。

第三一六条の二七の九　当該事件を管轄する警察署や検察庁は、当該事件の全記録のリストを、担当弁護人から請求された場合、1週間以内に、受刑者や元被告の弁護人に送付しなかった場合は、弁護人は補佐人を伴って、当該警察署や検察庁に赴き、当該事件の全記録を公開させ、全リストの作成と全記録の複写データをデジタルデータとして複写することができる。

第三一六条の二七の十　この際、弁護人は補佐人を伴い、作成された事件記録のリストに基づいて、保全された事件記録をチェックすることができる。検察庁は、担当弁護人とその補佐人から事件記録のチェックを要求された場合、係官立会いの下、直ちに応じなければならない。

第三一六条の二七の十一　この弁護人のチェックによって見つかった、検察官の事件記録の紛失や隠匿は、公文書の偽装にあたり、担当弁護人は、特別検察官となって、担当検事ならびに上司の検察官や検事正を起訴しなければならない。この弁護人が検察の関係者を起訴しなかったことが判明した時は、不正隠避により新たな弁護人によって起訴される。

変更の理由①　食品の賞味期限偽装や生産地偽装、建築データの偽装が繰り返される中、裁判における警察官や検察官の松川事件での佐藤一さんの無実を示す証

拠隠しや袴田裁判での証拠の捏造は、裁判における公文書の偽装であり、おまけに、こうした公文書偽装を、警察・検察が組織をあげてやってきた場合、それが発覚しても何の捜査も処罰もされていない。

　本来なら、こうした警察・検察の不正を見抜いて無罪判決を出すべき裁判官も、被疑者に対する新聞報道などで、先入観をもって被疑者を見つめる裁判官の目には、無実の主張も罪を逃れるために嘘を云い張っているとしか映らず、挙句の果てに無実の人間に無期懲役や死刑の判決をくだす始末。

　こうした事態を生む根本原因は、「法律」に携わり「法律」を管轄するものとして、他人の犯罪は取り調べ、起訴にして罪を問うのに、自らの偽装は誰からも咎められず、罰もうけずにうやむやに蓋をする警察組織の体質が、警察官なら何をやってもばれないと思い込み、倫理観を失った警察官を生みだし、犯罪に手をそめる輩を繰り返し排出する原因にもなっている。

　法に携わる者たちが、最もやってはならない法を犯す犯罪をしても、チェックを受けず罪に問われず処罰もされないのは、著しく法の下の平等・公平性を阻害するものになっている。

　一方、食中毒を発生させた飲食店、法律に基づかない薬品の製造方法で薬品を製造した製薬会社など一定期間の業務停止処分を受けていることに照らしても、当事者以外からのチェックを受け、その結果不正が発覚した場合は、警察や検察に在籍して法を犯した人間や管理者が、処罰され、一定期間の業務停止などの処分を受けることは相応といえる。

変更の理由②　検察官が一審で隠匿する証拠は、最初の被疑者の無実を窺わせる証拠となることは明らかで、この証拠の隠匿を認めていると、無実にもかかわらず被疑者にされ、無意味な裁判に被告・弁護人だけでなく、裁判官や裁判員裁判では裁判員も決着がつくまで延々と引き回されることになり、時間と税金の無駄遣いとなり、これを極力防ぐ必要があるからだ。

３. 公文書関連法の制定

第１条　公文書の管理

第１章　公文書として残し公開を原則とする組織・団体の範囲。

　国・地方自治体、ならびに第三セクター、自治体などが業務委託した企業・団体の記録。国や地方自治体が経営している企業や株を保持して民営化した企業の経理や従業者のすべての記録。

　公共事業に関しては、設計から発注・受注・工事完了までの経費・工事仕様含めた全記録。

　国会ならびに地方議員の政治活動に伴う政治資金の収入・支出に関する記録

と政治資金によって賄われた行事の記録写真や印刷物とその経費の記録。裁判所の裁判記録と、検察庁、警察署の捜査・取り調べに関する記録と、補助金もふくめ税金が投入されているすべての団体の予算の執行に関する記録のすべて。

公共放送ＮＨＫと関連子会社の記録。公共性が高く、税金が１度でも投入されている電力会社などの民間企業のすべてと、国公立大学、国公立病院なども含む。

第２章　公文書に個人名・企業名も含めプライバシーは存在しない。すべて公開とする。

第３章　公文書は、第１章で記載の各官庁や関連団体・税金が投入されているすべての団体が、複写データで、３ヵ月に提出しなければならない。半年に１度、希望する弁護士と国民のチェックを受けなければならない。

第２条　「公文書館」の設置法の制定

　　おまけに、徹底した裏付けも検証も不十分なままの情報に甘んじるいわゆる専門家や、税金で生活している議員や公務員が、公務を執行し、また公文書を作成するために書いた個人のメモであっても公務員であればこそ必要に応じて書き留めるものであるから公式の文書と同様の扱いをするべきなのに、個人が書いたものだといって簡単に隠匿・消去しても構わないとしてやりすごす不誠実な心根の国会議員や政府関係者が日本ではまかり通っている。それだけでなく、これまた自分（たち家族）だけが何事もなく生活できればいいとして、そうした輩を支持してしまう者も多い日本の現実。こうした状況を是正するために、改めて、公文書にかかわる保存と公開を任とする「**公文書館**」を、国・各県単位に設置するものとする。

①　警察や検察・裁判所・各自治体は、公文書などの管理能力が疑われ、これまで充分に公正さを発揮していない事実があることに鑑みれば、各県と国単位に「公文書館」を設置し、各警察や検察の捜査資料やすべての証拠・各自治体ならびに国の機関の公文書を保管・公開するものとする。なお、この公文書館のリストに記載のない捜査資料や証拠は、裁判で証拠として採用されないし、自治体の関連文書も自治体の公式記録の資料にできない。

②　地方自治体の公文書ならびに警察・検察の事件の捜査記録や各種証拠類は、各県ごとに設置する公文書館にその写しや写真をデータで保存しなければならない。

③　各地方自治体ならびに警察・検察は、関連文書の保存にあたって、資料のリストを作成し、DVDにコピーして、公文書館に保存のため提出しなければならない。公文書館館長とその補助者は、保存に提出された内容にもれや偽りがないか、月に一度、公文書館が決めた日時にチェックすることができる。

④　各公文書館は、地域の歴史を反映させるのに必要と認められる個人や団体の

記録や資料も保存することができる。

⑤　保存された資料は、希望者にすべて公開されるものとする。ただし、事件の捜査記録や証拠類は、裁判が開始される前に、被疑者や弁護士ならびに被害者とその関係者に限って公開する。なお、裁判が終わるまでは、一般に公開されないものとする。

⑥　ただし、冤罪や量刑不当を疑う国民がいる過去の事件では、記録はすべての国民がデータの開示を求めることができる。

⑦　公文書館の館長は、国の公文書館は日本弁護士連合会推薦ないし内部の選挙で選ばれた弁護士が当たり、各県単位では、県の弁護士会の選挙で選ばれた弁護士があたり、公務員に準ずる手当を、国と県で折半して支給するものとする。ただし、裁判官や検事出身の弁護士は、弁護士登録 10 年を経過しないと館長になれない。

⑧　職員は公募で一般市民の中から有料ボランティアとして選任する。

⑨　各県の公文書館の必要経費の予算は、国と県で半々ずつ負担する。

⑩　「**公文書館**」が設置されるまでは、各自治体の公文書はすべて電子ファイルにしてディスクにコピーし、リストを正確に作成し、ディスクを持ち込めばコピーは無料にする。

⑪　また、警察・検察は、捜査記録・証拠・写真のすべてを電子ファイルにしてディスクにコピーし、捜査記録・証拠・写真のすべてのリストを正確に作成し、被疑者が起訴された時点で、リストを被疑者や弁護士ならびに被害者とその関係者に限って公開し、関係者からの閲覧の要求に基づいて、直ちに閲覧に応じなければならない。ディスクを持ち込めばコピーは無料にすること。

⑫　リストの作成は、刑事訴訟法の新たな規定に従うものとする。

⑬　各自治体の保存すべき公文書は、議会や審議会などの録画映像や税金の行使にかかわる、行政の政策決定から公共事業の契約とその顛末の記録のメモも含めてすべての書類を複写データで DVD ないし BR に記録して 3 ヵ月ごとにまとめて保存する。

4．再審に関する立法

第四編　再審　前文として追加

　過去に無期懲役と死刑判決が下された事件は、今後 50 年間の間に、各事件ごとの全記録のリストとすべての事件記録を開示した上で、一斉チェックを受けなければならない。その結果、事件の判決に誤りが見つかった事件は、再審を請求できる。

第四三五条〔**再審請求の理由**〕八として追加

八　被害者から犯人に付着した証拠物があっても、現場検証にある証拠を見落としたり、誤って除外したりして、犯行を裏付けた物証を見落として、原判決が有罪を言い渡した場合。

九　再審の範囲　再審請求は無実の訴えにとどまらず、有実の者においても、明らかに事実誤認に基づいた判決や量刑の変更（時代の流れの中で）が妥当になった事件においても、当該者の請求に基づいて再審を求めることができる。

第四三九条〔**再審請求権者**〕五として追加

五　裁判の判決に疑義を抱く成人した国民や弁護人も本人の代理として、本人の生存中も死後も再審請求権者（訴訟代理人）になれる。

第四四二条〔**再審請求と執行停止**〕無期懲役と死刑判決が下された過去の事件が、一斉チェックを受ける今後50年間、すべての死刑囚の刑の執行は停止され、無期懲役扱いとし、本人の希望により刑務作業に従事させること。

第四四三条〔**再審請求の取り下げ**〕②過去に再審請求を取り下げた事件でも、新証拠が見つかった場合は、再審請求ができる。

第四五〇条〔**即時抗告**〕地裁で再審開始決定が出された場合、検察の抗告権はこれを認めない。理由は、既に原審において検察側は証拠提出においてこれ以上の証拠はないという姿勢において元被告に有罪を請求しているからである。なお、検察官は、未開示の捜査記録や各種証拠は、元被告側の求めに応じてすべて開示するものとする。ただし、弁護側の抗告はこれを認める。なお、過去に再審開始決定が出された事件において、検察の抗告で再審開始が取り消された事件も速やかに再審を開始するものとする。

事件記録の閲覧と複写　無期懲役や死刑の判決が確定した元被告やその親族および判決に疑義を抱く国民ならびに弁護士の再審の請求権者は、公文書館が設置されるまでは、再審請求を準備するため裁判所ないし検察庁に対して、裁判記録の複写と、検察がこれまで開示してこなかった全事件記録のリストと複写を請求できる。裁判所ならびに検察庁は、請求があれば速やかに複写に応じなければならない。

証拠の開示　再審請求事件において、元被告が再審請求をする意志を表明した時から、裁判所ならびに検察庁は、直ちに捜査記録、各種証拠など全事件記録のリストを元被告・弁護士に開示し、証拠の閲覧など請求があれば、検察庁は直ちに閲覧に応じなければならない。

請求人の交通権　受刑中の元被告は、再審を請求する意志を社会に訴え、弁護士ならびに不特定の市民の支援を受ける自由を制限されない。再審請求中の元被告は、支援を申し出た弁護士や市民との交通権（文通・面会）をいかなる理由

によっても制限されない。

総合判断　再審公判において、原審の事実認定に評価の間違いが確認された時点で、裁判所は、原審判決を破棄し、あらたな判断のもとに、元被告に無罪ないし、量刑の過重をただすものとする。なお元被告はこれによって、原審の確定判決よりも重い量刑を課せられないものとする。

証拠の隠蔽　原審公判において、裁判所や検察側の判断の誤りや元被告に有利な不当な証拠隠しが行なわれていたことが明らかになった場合は、再審裁判所はその旨、判決において明らかにするものとする。

5．国家賠償法　第六条〔冤罪被害者に対する年金支給〕として追加

　すべての冤罪被害者に、逮捕から無罪確定に至った年月数に応じて、国家公務員と同等に扱い、公務員の厚生年金相当分を、厚生年金基金の中から現在の年金支給者の年金を減額する分と、国会議員に支給される歳費を減額して充当するものとし、年金支給年齢の65歳からの分を、支給年齢に達している冤罪被害者には過去にさかのぼって全額支払い、生存者には以後年金として支払うこと。冤罪被害者が死亡している場合は、遺族（当人に後継者がいない場合は両親、両親が死亡している場合は、兄弟姉妹）に全額支払われるものとする。

　なお、受け取る遺族がいない場合や、受け取らなかった遺族の年金分は、日本弁護士連合会に供託され、後に公設される「公文書館」の資機材費や記録の収集や保管に関わるボランティアの経費に充当し、各県に配分するものとする。この資金の管理は、公文書館館長の連絡組織に一任するものとする。

　国家公務員の年金と元国会議員が支給されている議員年金の年金支給減額は、25万円までは減額せず、25万円以上は5割減額支給とする。遺族年金は20万円までは減額せず、20万円以上は5割減額支給とする。まなお、冤罪を引き起こしている裁判制度を放置してきた国会議員の歳費からは3割減額するものとする。

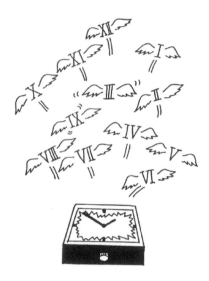

絵・関口慎吾

著者紹介

白砂巖（しらすな・いわお）

1947年6月　山梨県に生まれ、1歳4カ月の頃小児マヒにかかる。
1975年6月　モナリザ・スプレー事件の高裁判決を契機に『上告審を共に闘う会』に
　　　　　参加。当時の（障害者）の活動にふれる。11月『障害者新聞』（はがき）を
　　　　　発行（80年2月まで）。
1976年8月　全障連（全国障害者解放運動連絡会議）の結成を契機に、脳性マヒの遠
　　　　　藤滋と出会い、また島田事件の赤堀政夫氏の支援運動に加わり、他のえん
　　　　　罪事件の関係者とも交流をもつ。
1985年7月　遠藤滋と共編で、（障害者）の声を一冊にまとめた『だから人間なんだ』
　　　　　を自費出版。この本づくりが「ありのままのいのちを肯定（祝福）し、い
　　　　　のちを生かしあうことを自己決定して生きる」キッカケとなった。
1987年7月　『雪冤　島田事件・赤堀政夫はいかに殺人犯にされたか』を社会評論社よ
　　　　　り出版。
1980年9月以降　袴田巖の支援活動に加わる。
1988年5月1日　詩集『鏡よ鏡』を自主製作
2004年10月22日　『障害者が語る現代人の生きざま　あなたの"いのち"が世界をひ
　　　　　らく』を明石書店より出版。
2007年3月20日　尊卑分脈など家族の系図を組み替え『日本の家族』（800頁・3分冊）
　　　　　を自主製作
2020年1月20日　『日本列島の形成と日本の地震』の見本版を自主製作
2020年1月20日　『「いのちにありがとう」人間宣言に辿りつくまで』の見本版を自主
　　　　　製作

こがね味噌会社専務一家刺殺放火事件と
袴田裁判の真実
ならびに「刑事訴訟法」「公文書関連法」「再審」「国家賠償法」に関する提案

2023 年 9 月 1 日初版第 1 刷発行

著　者／白砂巖
カット／関口慎吾
発行者／松田健二
発行所／株式会社　社会評論社
〒 113–0033　東京都文京区本郷 2-3-10　お茶の水ビル
電話　03（3814）3861　FAX　03（3818）2808
印刷製本／倉敷印刷株式会社
感想・ご意見お寄せ下さい　book@shahyo.com